Bibliografische Information der Deutschen Nationalbibliothek:

Die Deutsche Nationalbibliothek verzeichnet diese Publikation in der Deutschen Nationalbibliografie; detaillierte bibliografische Daten sind im Internet über http://dnb.d-nb.de abrufbar.

Impressum:

Lektorat: Gina Kacher

Copyright © 2015 ScienceFactory

Ein Imprint der GRIN Verlags GmbH

Druck und Bindung: Books on Demand GmbH, Norderstedt, Germany

Coverbild: pixabay.com

Risiko Bindungsstörung?

Frühkindliche Tagesbetreuung und Kinderheime
im Blickpunkt der Bindungstheorie

Inhalt

Grundlagen der Bindungstheorie von Nadine Deiters 3
- 1. Einleitung 4
- 2. Historische Wurzeln 5
- 3. Grundlagen der Bindungstheorie 6
- 4. Bindungsstörungen im Kleinkindalter 13
- 5. Schluss 20
- Literaturverzeichnis 21

Gefährdet die institutionelle Tagesbetreuung die Bindungssicherheit von Kleinkindern? Von Anne-Christin Hummelt 23
- 1. Einleitung 24
- 2. Außerfamiliale Betreuung von Kleinkindern und ihre Bedeutung für die Bindungsentwicklung 26
- 3. Resümee 42
- Literaturverzeichnis 46

Aufwachsen im Kinderheim. Inwiefern der Heimaufenthalt das Bindungsverhalten von Kindern und Jugendlichen beeinflussen kann von Janka Vogel 49
- 1. Einleitung 51
- 2. Lebenswelt Heim 52
- 3. Das Heim-Milieu unter psychologisch-bindungstheoretischen Gesichtspunkten 57
- 4. Erfahrungen von Heimkindern 61
- 5. Fazit 66
- Literaturverzeichnis 69

Bindungsstörungen bei Kindern (F94.1, F94.2). Erscheinungsformen, Ursachen, Diagnostik, Behandlungsmöglichkeiten von Johannes Ilse .. 73

   1. Einleitung 74

   2. Definition und Symptomatik nach ICD-10 und Leitlinien KJPP 74

   3. Prävalenz und Komorbidität 76

   4. Ätiologie 77

   5. Diagnostisches Vorgehen 82

   6. Behandlungsmöglichkeiten 85

   7. Fazit 87

   8. Quellen 89

Bindung und Bindungsstörung. Diagnostische Berührungspunkte zweier distinkter Konzepte von Katja Margelisch 93

   Zusammenfassung 94

   Einleitung 95

   1. Bindungstheorie: Kategorien von Bindungsmustern 96

   2. Reaktive Bindungsstörung (DSM-IV) 102

   3. Berührungspunkte von Bindungstheorie und Bindungsstörungen 105

   4. Limitationen der Bindungstheorie im Verständnis der RAD 107

   5. Diskussion 110

   6. Fazit: Implikationen für weiterführende Forschung und Praxis 115

   7. Literatur 117

Grundlagen der Bindungstheorie von Nadine Deiters

2008

1. Einleitung

Die Bindungstheorie beschreibt die frühen Beziehungen zwischen einem Kind und seinen wichtigsten Bezugspersonen, die es ständig betreuen. Diese frühen Bindungserfahrungen beeinflussen die gesamte Persönlichkeitsentwicklung. Sie werden vor allem dadurch bestimmt, ob und inwieweit die primäre Bezugsperson angemessen auf die Bedürfnisse und Signale des Kindes reagiert. Bowlby und Ainsworth, die Begründer der Bindungstheorie, haben versucht diese frühen Bindungserfahrungen messbar zu machen. Durch verschiedene Erfassungsmethoden (Fremde Situation, Adult Attachment Interview etc.) ist es gelungen, diese Erfahrungen, die im Menschen in einem Arbeitsmodell mental repräsentiert sind, anhand von unterschiedlichen Bindungsqualitäten zu beschreiben.

Die Bindungstheorie hat auch großen klinischen Wert – vor allem für die Diagnose von Verhaltensstörungen und in der praktischen Arbeit mit Kindern und ihren Familien. Seit vielen Jahren hat die Bindungstheorie in der Wissenschaft mehr und mehr an Bedeutung gewonnen und sich durch empirische Stützung als eigenständige Basistheorie etabliert.

Zum besseren Verständnis der Bindungstheorie werde ich zunächst diese theoretischen Grundlagen erläutern. Dabei stelle ich zu Beginn die geschichtliche Entwicklung und die Grundlagen der Bindungstheorie dar. Zu diesen Grundlagen gehören vor allem das Bindungs- und Explorationsverhalten, die Phasen der Bindungsentwicklung, das Arbeitsmodell von Bindung und die unterschiedlichen Bindungsqualitäten. Zudem werde ich darstellen, inwieweit die mütterliche Feinfühligkeit Einfluss auf die Bindungsentwicklung nimmt und mit welchen Methoden sich die Bindungsqualitäten erfassen lassen.

Im Anschluss an die theoretischen Grundlagen beschäftige ich mich mit Bindungsstörungen im Kleinkindalter. Zum bessern Verständnis werde ich zunächst darlegen, wie diese in den diagnostischen Manualen klassifiziert sind. Im Anschluss werde ich die in den Klassifikationen aufgeführten Diagnosen näher beleuchten und differenzieren. Man unterscheidet hier im Unterschied zu den diagnostischen Manualen sechs Typologien von Bindungsstörungen. Im Anschluss werde ich kurz auf die Ursachen von Bindungsstörungen und auf die Anwendung der Bindungstheorie in klinischen und beratenden Settings eingehen. Aufgrund der Literatur- und Forschungsbandbreite kann ich in dieser Arbeit die Themen nur sehr kurz anreißen und auch nicht das gesamte Themenspektrum der Bindungstheorie aufgreifen.

2. Historische Wurzeln

Die Bindungstheorie wurde von dem britischen Kinderpsychiater und Psychoanalytiker John Bowlby und der kanadischen Psychologin Mary Ainsworth entwickelt. Hauptgegenstand der Theorie sind der Aufbau und die Veränderung enger sozialer Beziehungen über die gesamte Lebensspanne und das Modell von Bindung der frühen Mutter-Kind-Beziehung. „Bindung („attachment") ist die besondere Beziehung eines Kindes zu seinen Eltern oder Personen, die es beständig betreuen. Sie ist im Gefühl verankert und verbindet das Individuum mit der anderen, besonderen Person über Zeit und Raum hinweg" (Grossmann 1997, S. 51 zit. n. Ainsworth 1973). Die Theorie entstand vor allem durch die Forschungen Bowlbys, der im Auftrag der Londoner Tavistock Clinic und der Weltgesundheitsorganisation (WHO) Erklärungen für die Entwicklungsschäden von Kindern aus dem 2. Weltkrieg suchte, die von ihrer Mutter getrennt worden waren. Zudem bediente sich Bowlby bei seiner Theoriegründung der Beobachtungen von Heimkindern von René Spitz, der die Effekte des Entzugs mütterlicher Fürsorge untersuchte. Aus seinen Beobachtungen schloss Spitz, dass Kinder, die in Waisenhäusern getrennt von ihren Mütter leben, „[...] einem hohen Entwicklungsrisiko ausgesetzt sind, weil sie nicht die Art von Fürsorge erhalten, die sie dazu befähigt, enge sozioemotionale Bande zu knüpfen" (Siegler 2005, S. 584). Diese Beobachtungen brachten Bowlby bei seiner Theoriebildung entscheidend voran, da sowohl Spitz als auch Bowlby die Mutterentbehrung als entscheidenden Faktor der kindlichen Bindungsentwicklung ansahen. Weitere Anleihen machte Bowlby vor allem bei der Psychoanalyse und der Ethologie. Bowlby, ebenfalls Psychoanalytiker, nahm ähnlich wie Freud an, dass die frühkindlichen Erlebnisse eines Menschen der Schlüssel zur Erklärung seiner gesamten Persönlichkeitsentwicklung sind. Daher leistet die Feinfühligkeit der Mutter, d.h. inwieweit sie sich liebevoll und zuverlässig um ihr Kind kümmert, einen entscheidenden Beitrag zur emotionalen Entwicklung des Kindes. Im Gegensatz zu Freud, dessen Erkenntnisse vor allem auf der Analyse vorangegangener Erfahrungen basieren, bedient sich Bowlby bei seinen Erkenntnissen vor allem der Verhaltensbeobachtung, denn Ethologen nehmen an, dass es zwischen dem Verhalten eines Menschen und den inneren Prozessen Parallelen gibt. Durch die Verhaltensbeobachtung bietet sich die Möglichkeit zur objektiven Erfassung individuellen Verhaltens. Zudem macht John Bowlby Anleihen bei den Untersuchungen zum Bindungsverhalten nichthumaner Primaten von Harry F. Harlow und Robert Hinde. Diese nahmen bei Tieren, ähnlich wie Bowlby beim Menschen, eine starke emotionale Beziehung zwischen Eltern und ihren Kindern an. Diese Annahme basiert auf einer Reihe von Experimenten an Affen, die von Geburt an isoliert aufwuchsen. Wenn diese Affen dann mit anderen Affen zusammengebracht wurden, zeigten sie schwere emotionale Störungen. Die Ergebnisse stützen die Annahme, dass eine gesunde soziale und emotionale Entwicklung in den frühen Interaktionen mit Erwachsenen wurzelt.

Einen entscheidenden Beitrag zur Modifizierung und Weiterentwicklung der Theorie leistete vor allem Mary Ainsworth, die ein standardisiertes, systematisches Instrument zur Erfassung kindlicher Bindung im Säuglingsalter und zum mütterlichen Fürsorgeverhalten entwickelte. Durch dieses Instrument, auch „Fremde Situation" genannt, gelang es erstmals, Bowlbys Bindungsmodell in einer standardisierten Situation beobachtbar zu machen. Mit zunehmender wissenschaftlicher Akzeptanz und Bekanntheit der Bindungstheorie wurden weitere standardisierte Instrumente zur Erfassung der Bindungsqualität entwickelt. Die Forschungen konzentrierten sich dabei zunehmend auf die Erfassung der Bindung im Jugend- und Erwachsenenalter. In diesem Zusammenhang ist vor allem das Adult Attachment Interview (AAI) zu nennen, durch das Bindungserfahrungen und deren Auswirkungen auf die aktuelle psychische Einstellung gegenüber Bindung untersucht werden können. Das AAI basiert auf der Annahme der Bindungstheorie, dass frühe Bindungserfahrungen eine Auswirkung auf die spätere Einstellung gegenüber Bindung und Beziehungen haben.

Die Bindungstheorie stammte ursprünglich aus klinischer Richtung, wurde aber mit zunehmender Bekanntheit und Akzeptanz auch von Entwicklungspsychologen genutzt.

3. Grundlagen der Bindungstheorie

3.1 Bindungs- und Explorationsverhalten

Das Bindungsverhalten und das Explorationsverhalten bilden zwei komplementäre Verhaltenssysteme, die dennoch voneinander abhängig sind. Zunächst dient die Mutter als sichere Basis für das Kind, zu der es bei Gefahr zurückkehren kann. Auf dieser Grundlage kann das Kind seine Umwelt erkunden. Tritt in einer für das Kind unsicheren Situation eine Veränderung hinsichtlich der Verfügbarkeit der Mutter ein, versucht es durch angeborene Bindungsverhaltensweisen, wie Weinen, Klammern etc., Nähe zur Mutter herzustellen. Diese Verhaltensweisen dienen dazu, ein Sicherheitsgefühl herzustellen, wenn das Kind vor Aufgaben steht, die es alleine nicht bewältigen kann oder wenn es sich unsicher fühlt. Das Bindungsverhalten wird mit zunehmendem Alter immer differenzierter und richtet sich auf einige wenige Bindungspersonen aus. Es kann nur beobachtet werden, wenn das Bindungsverhaltenssystem aktiviert ist. Im Gegensatz dazu tritt das Explorationsverhalten in Erscheinung, wenn das Bindungsverhaltenssystem deaktiviert ist. Dann beginnt das Kind seine Umwelt zu erkunden. Wiederum kann jedoch ohne die Bindungsperson als Sicherheitsbasis kein Explorationsverhalten auftreten. Entstehen beim Kind während des Explorationsverhaltens Angst oder Verunsicherung, wird das Bindungsverhaltenssystem wieder aktiviert und das Kind sucht die Nähe zu seiner Bindungsperson. Mit zunehmendem Alter reichen häufig auch symbolische Nähe bzw. die Bindungsrepräsentation als Sicherheitsbasis. Wie die Beobachtungen Ainsworths in der Fremden Situation belegen, können sich Kinder in ihrem Bindungs- und Explorationsverhalten sehr unterscheiden. Diese Unterschiede können ganz unterschiedliche Ursachen haben. Als Hauptursache gelten aber vor allem die Feinfühligkeit der Mutter und ihre prompte Zuwendung auf die kindlichen Signale.

3.2 Phasen der Bindungsentwicklung

Im Säuglings- und Kleinkindalter vollzieht sich die Bindungsentwicklung in vier Phasen. Während der Vorbindungsphase (0-3 Monate) ist der Säugling in der Lage, Personen von Gegenständen zu unterscheiden – er kann aber Personen nicht eindeutig voneinander unterscheiden. Zwischen 3 und 6 Monaten vollzieht sich die Entstehung der Bindung. Nun kann das Kind durch die Erfahrungen mit seiner Bindungsperson Personen voneinander unterscheiden und sendet Signale an seine primäre Bindungsperson. Das Bindungsverhalten richtet sich in dieser Zeit zunehmend auf eine bestimmte Person aus. Während der Phase der eindeutigen Bindung (6 Monate bis 3 Jahre) gewinnt die primäre Bindungsperson an Bedeutung und das Kind sucht aktiv die Nähe zu ihr. Es zeigt ihr gegenüber Anzeichen von Bindungsverhalten, während es Fremden gegenüber zurückhaltend ist. Aufgrund der sich entwickelnden Fähigkeit zur Objektpermanenz kann das Kind eine mentale Repräsentation seiner Bindungsperson vornehmen. Ab 3 Jahren vollzieht sich die letzte Phase der Bindungsentwicklung, die zielkorrigierte Partnerschaft. Nun werden die Kinder versierter und sicherer im Falle einer Trennung von der Mutter oder der primären Bindungsperson und können besser mit unbekannten Situationen umgehen. Zudem entwickelt sich beim Kind die Fähigkeit zur Perspektivübernahme. „[...] Es lernt zu verstehen, dass seine Bindungspersonen eigene Gedanken, Gefühle, Vorstellungen, Ziele und Absichten haben, die sich von den eigenen unterscheiden können, während es zuvor „egozentrisch" gedacht und gefühlt hat" (Zellmer 2007, S. 10 zit. n. Ainsworth 1972). In dieser Zeit werden wiederholte Erfahrungen mit der Bindungsperson als Skripts (mentale Bindungsrepräsentationen) gespeichert. Dadurch entstehen mentale Bindungsmodelle, die aus den verinnerlichten Erfahrungen des Kindes über sich selbst und über die Bindungspersonen bestehen.

Am Ende der Bindungsentwicklung hat das Kind eine Bindung zur Bezugsperson aufgebaut. Im Falle einer Trennung kommt es daher zu Angst und Kummer. Bei einer längeren oder andauernden Trennung entsteht beim Kind eine Mischung aus Protest, Verzweiflung und Ablösung. Ein sehr früh erlebter Verlust der primären Bindungsperson oder eine mangelnde Verfügbarkeit dieser kann zu deutlichen Beeinträchtigungen in der sozial-emotionalen Entwicklung des Kindes führen. Dies kann auch noch Auswirkungen auf die Beziehungen im Erwachsenenalter haben (vgl. Grossmann 1997, S. 59).

3.3 Das Arbeitsmodell von Bindung

„Bindungsqualitäten als emotionale Lebenserfahrung sind im Individuum als „Arbeitsmodelle" (internal working models"; Bowlby, 1973) verinnerlicht" (Grossmann 1997, S. 59). Im Arbeitsmodell werden Erfahrungen mit der Umwelt, der eigenen Person und der Bindungsperson gespeichert. Diese Erfahrungen beeinflussen später die Qualität der Beziehung zu anderen Menschen. Erst durch die wachsenden kognitiven und sprachlichen Fähigkeiten und durch die wachsenden Gedächtnisleistungen ist das Kind in der Lage, die Erfahrungen mit seiner Bindungsperson zu mentalen Repräsentationen oder Arbeitsmodellen zusammenzufassen. Während der ersten Lebensjahre entwickeln sich diese Repräsentationen durch die Erfahrung von Zuwendung und Verfügbarkeit der Bindungsperson. Auf der Basis dieser Erfahrungen entwickelt das Kind eine spezifische kognitive Voreingenommenheit von sich, seiner Umwelt und seiner Bindungsperson. Wenn ein Kind die Erfahrung macht, dass es sich in belastenden Situationen auf seine Bindungsperson verlassen kann, wird es diese Situationen besser aushalten können. Die Arbeitsmodelle wirken im Laufe der Entwicklung auch in Abwesenheit der Bindungspersonen (Grossmann 1997, S. 61).

3.4 Mütterliche Feinfühligkeit und ihr Einfluss auf die Bindungsentwicklung

Ainsworth definierte mütterliche Feinfühligkeit anhand von vier Merkmalen:

(1) Die Bindungsperson muss die Befindlichkeit des Säuglings aufmerksam im Blick haben,

(2) Die Bindungsperson muss die Äußerung des Säuglings aus seiner Perspektive richtig interpretieren,

(3) Die Bindungsperson muss prompt auf die Bedürfnisse und Signale des Säuglings reagieren, damit dieser eine Verbindung zwischen seinem Verhalten und dem seiner Mutter erkennen kann, und

(4) die Reaktion der Bindungsperson muss der Entwicklung des Kindes angemessen sein.

In diesem Zusammenhang dürfen jedoch Feinfühligkeit und Überbehütung nicht verwechselt werden. Die Mutter soll dem Kind zwar uneingeschränkt zur Verfügung stehen, darf ihm aber auch nichts abnehmen, was es selbst bewältigen könnte (vgl. Grossmann 1997, S. 62f.). Feinfühligkeit bedeutet zudem, das Kind und seine individuelle Eigenart zu akzeptieren. Längsschnittliche Untersuchungen haben nachgewiesen, dass der Grad der mütterlichen Feinfühligkeit in direktem Zusammenhang zum Bindungsmuster des Kindes steht. So ergibt sich, dass Babys feinfühliger Mütter weniger weinen, bei Leid die Nähe zur Mutter suchen, sich aber auch wieder von ihr lösen, wenn sie getröstet worden sind, weniger aggressiv und ängstlich sind, mehr Vertrauen in die Verfügbarkeit der Mutter haben, eher auf Gebote und Verbote der Mutter eingehen, bessere vorsprachliche kommunikative Fähigkeiten aufweisen und die Mutter als sichere Basis zur Exploration nutzen. Dem gegenüber ergibt sich, dass Babys weniger feinfühliger Mütter in der Trennungssituation eine Mischung aus Unabhängigkeit und Ängstlichkeit zeigen, sich nur schwer beruhigen lassen und weniger auf die Gebote und Verbote der Mutter eingehen (vgl. Grossmann 1997, S. 63).

3.5 Erfassung von Bindungsqualitäten

3.5.1 „Fremde Situation"

Bei der „Fremden Situation" handelt es sich um ein von Mary Ainsworth entwickeltes entwicklungspsychologisches Experiment, dass die von John Bowlby angenommen Bindungsqualitäten unter Laborbedingungen untersuchen und nachweisen sollte. Diese Testsituation dient als Möglichkeit der empirischen Überprüfung der Bindungstheorie. Das Verfahren eignet sich für Kinder im Alter von 11-20 Monaten. In der „Fremden Situation" werden Mutter und Kind zunächst in einen fremden aber attraktiven Spielraum geführt und befinden sich dort für einige Zeit allein, damit das Kind die neue Umgebung erkunden kann. Im Anschluss betritt eine fremde Person den Spielraum und versucht Kontakt mit Mutter und Kind aufzunehmen. Daraufhin verlässt die Mutter den Raum und die fremde Person bleibt mit dem Kind allein. Das führt dazu, dass beim Kind das Bindungsverhaltenssystem aktiviert wird. Im Anschluss kehrt die Mutter zurück in den Raum und beschäftigt sich mit dem Kind. Dies führt dazu, dass das Explorationsverhaltenssystem aktiviert wird – die fremde Person verlässt den Raum. Daraufhin verlässt die Mutter mit deutlichem Abschiedsgruß den Raum, woraufhin die fremde Person den Raum erneut betritt. Sie versucht, wenn nötig, das Kind zu trösten. Nach einiger Zeit betritt die Mutter erneut den Raum – die fremde Person verlässt gleichzeitig den Raum. In diesen sich abwechselnden Episoden der „Fremden Situation" erfährt das Kind in zunehmendem Maße Unvertrautheit und Fremdheit, so dass das Bindungsverhaltenssystem aktiviert wird. Anhand der Reaktion des Kindes auf die Rückkehr der Mutter kann die Bindungsqualität des Kindes erfasst werden.

3.5.1.1 Bindungsmuster

Durch die Befunde der „Fremden Situation" gelang es Mary Ainsworth, ein Klassifikationssystem zu entwickeln, durch das sich die Mutter-Kind-Beziehung in eine sichere, unsicher-vermeidende und unsicher-ambivalente Bindung unterteilen lässt. Kinder, die keinem dieser Bindungsmuster zugeordnet werden können, werden als desorganisiert-desorientiert bezeichnet. Sicher gebundene Kinder haben qualitativ hochwertige und relativ eindeutige Beziehungen zu ihrer Bindungsperson. In der „Fremden Situation" weinen sie, wenn sie von der Mutter getrennt werden, suchen aber nach der Rückkehr der Mutter sofort den Kontakt zu ihr und lassen sich schnell beruhigen. Sicher gebundene Kinder nutzen ihre Bindungsperson als sichere Basis, um ihre Umwelt zu erkunden. Unsicher-vermeidend gebundene Kinder zeigen sich in der Fremden Situation gleichgültig gegenüber ihrer Bindungsperson. Wenn sie geweint haben, lassen sie sich schnell von der fremden Person trösten. Unsicher-ambivalent gebundene Kinder klammern sich an ihre Bindungsperson, anstatt ihre Umwelt zu erkunden. In der Fremden Situation sind sie häufig sehr ängstlich und lassen sich nicht von der fremden Person beruhigen. Wenn die Bindungsperson zurückkehrt, zeigen sie ein ambivalentes Verhaltensmuster: Einerseits suchen sie die Nähe der Mutter, andererseits sind sie ihr gegenüber aggressiv und lassen sich nur schwer von ihr beruhigen. Kinder mit einer desorganisiert-desorientierten Bindung lassen sich keinem der drei anderen Bindungsmuster zuordnen. In der Fremden Situation zeigen sie keine konsistenten Verhaltensweisen. Ihr Verhalten ist oft konfus und widersprüchlich. So wird beispielsweise das Nähe Suchen kurz vor Körperkontakt abgebrochen.

Die Bindungsmuster aus der Fremdem Situation konnten wiederum auch durch psycho-biologische Studien nachgewiesen werden: So zeigte sich bei allen Kindern in der Fremdem Situation eine Herzfrequenzveränderung, was darauf hindeutet, dass bei allen Kindern das Bindungsverhaltenssystem aktiviert wird. Dem gegenüber konnte jedoch bei unsicher gebundenen Kindern in der Fremden Situation ein Anstieg von Cortisol, einem Steroidhormon der Nebennierenrinde, beobachtet werden, während bei sicher gebundenen Kindern ein leichtes Absinken des Cortisolhaushaltes beobachtet wurde. Daraus lässt sich schließen, dass es bei sicher gebundenen Kindern nicht zu einer physiologischen Belastung kommt, weil diese über ein angemessenes Bindungsverhaltenssystem verfügen.

3.5.2 Bindungsstatus der Eltern und AAI

Eltern besitzen Bindungsmodelle, die ihre Handlungen gegenüber ihren Kindern leiten und dadurch den Bindungsstatus ihrer Kinder beeinflussen. Die Bindungsmodelle von Erwachsenen basieren auf den Wahrnehmungen der eigenen Kindheitserfahrungen, d.h. auf der Beziehung zu den Eltern. Die Bindungsmodelle von Erwachsenen werden mit Hilfe des Adult Attachement Interviews (AAI) gemessen. Hierbei handelt es sich um ein halb standardisiertes Interview zur retrospektiven Erfassung von Bindungserfahrungen und aktuellen Einstellungen zur Bindung bei Erwachsenen[1]. Dadurch können Bindungserfahrungen und deren Auswirkungen auf die aktuelle psychische Einstellung gegenüber Bindung untersucht werden. Im Interview werden bindungsrelevante Kindheitserinnerungen und die Bewertung dieser Erinnerungen erfragt. Mit Hilfe dieser Beschreibungen werden die Erwachsenen Bindungsgruppen zugeordnet. Dabei unterscheidet man zwischen vier Bindungsgruppen: Autonom, abweisend, verstrickt und ungelöst-desorganisiert. Autonome Erwachsene erinnern sich sowohl an positive als auch negative Kindheitserfahrungen. Sie sind der Meinung, dass ihre frühen Bindungen ihre Entwicklung beeinflusst hätten. Abweisende Erwachsene sagen, sie könnten sich nicht an Interaktionen mit ihren Eltern erinnern oder spielen ihre Kindheitserfahrungen herunter. Verstrickte Er-

---

[1] http://de.wikipedia.org/wiki/Adult_Attachment_Interview

wachsene konzentrieren sich intensiv auf ihre Eltern, liefern dabei aber verwirrende und wutgeladene Bindungserfahrungen. Sie können keine zusammenhängenden Beschreibungen geben. Ungelöst-desorganisierte Erwachsene leiden häufig unter posttraumatischen Erfahrungen. Ihre Kindheitsbeschreibungen weisen Fehler in der Argumentation auf (vgl. Siegler 2005, S. 593). Die Auswertungen des Adult Attachment Interviews belegen einen Zusammenhang zwischen der elterlichen Bindungsrepräsentation, der Feinfühligkeit zum Kind und der Bindung des Kindes. So sind autonome Erwachsene sensible Eltern und haben sicher gebundene Kinder.

3.6 Längsschnittliche Zusammenhänge

Längsschnittuntersuchungen haben gezeigt, dass es sich bei der Bindungsqualität um ein sehr stabiles Merkmal handelt, denn das Band zwischen Eltern und Kind bleibt nach Bowlby meist bis ins Erwachsenenalter erhalten – es verändert sich jedoch hinsichtlich Zielrichtung und Intensität. Während der Jugend werden Freundschaften und Liebesbeziehungen zunehmend wichtiger und das Bindungsverhalten zu den Eltern wird weniger häufig und intensiv gezeigt. „Trotz Veränderungen im Hinblick auf Fürsorge und Selbständigkeit werden die Eltern von den Jugendlichen selbst im Vergleich zu Freunden durchaus noch als die primäre Quelle von Sicherheit gesehen (Grossmann 1997 S. 84 zit. n. Greenberg, Siegel & Leitch 1983). Somit bestimmen die Erfahrungen eines Menschen mit seinen Bindungsfiguren von der frühen Kindheit bis ins Jugendalter seine Bindungsorganisation (vgl. Grossmann 1997, S. 85). Auch Untersuchungen zur Langzeitwirkung der Bindungssicherheit verdeutlichen diesen Zusammenhang. So sind sicher gebundene Kinder psychisch stabiler und sozial kompetenter. Im Detail zeigt sich, dass sie besser mit Emotionen umgehen können, engere und harmonischere Beziehungen haben, weniger aggressiv und antisozial sowie hilfsbereiter, kontaktfreudiger und beliebter sind. Somit hängt die Bindungssicherheit von Kindern sehr stark mit ihrer späteren psychischen, sozialen und kognitiven Entwicklung zusammen – wird aber wiederum auch durch die Qualität der Erziehung beeinflusst (vgl. Siegler 2005, S. 600f.).

3.7 Bewertung der Bindungstheorie

„Die Bindungstheorie Bowlbys ist erst durch die empirischen Untersuchungen von Ainsworth akzeptiert worden" (Grossmann 1997, S. 91). Denn Bowlby war Kliniker und hatte die Bindungstheorie ursprünglich für die Diagnose und Therapie emotional gestörter Patienten konzipiert. Mit zunehmender empirischer

Verankerung fand sie jedoch auch in der Entwicklungspsychologie wachsende Beachtung. Denn sie enthält klare Hypothesen über die emotionale Entwicklung des Menschen, die auch prospektiv untersucht und bestätigt werden konnten. Doch viele Aspekte der Bindungstheorie bedürfen noch weiterer Forschung und Modifizierung. Das Ziel zukünftiger Forschung besteht vor allem in der Präzisierung des Arbeitsmodells und der Analyse von Faktoren, durch die sich die Arbeitsmodelle verändern können Aus psychotherapeutischer Sicht ist es besonders interessant, zu erfahren, wie unangemessene Arbeitsmodelle zu angemessenen verändert werden können. Zudem darf sich die Bindungsforschung nicht nur allein auf die Bindungsbeziehung zwischen Eltern und Kind konzentrieren. Auch andere soziale Beziehungen, wie Freundschaften, leisten einen entscheidenden Beitrag zur Persönlichkeitsentwicklung und müssen daher verstärkt in den Blick bindungstheoretischer Überlegungen gelangen.

4. Bindungsstörungen im Kleinkindalter

4.1 Bindungsklassifikation in diagnostischen Manualen

Das Ziel seiner Bindungsforschung bestand für Bowlby vor allem darin, die Bindungstheorie erfolgreich für die klinische Arbeit in Diagnostik und Psychotherapie zu modifizieren. Daher lassen sich die theoretischen Annahmen der Bindungstheorie auch sehr gut für die Diagnose und Therapie von Verhaltensstörungen, insbesondere von Bindungsstörungen, nutzen. So wurde aus den Erkenntnissen Bowlbys eine eigenständige Klassifikation von Bindungsstörungen entwickelt. Doch diese Arbeit steht noch am Anfang. Denn in den gängigen diagnostischen Manuals werden diese nicht ausreichend klassifiziert. „Bei der Durchsicht der diagnostischen Manuale ICD-8 bis ICD-10 und des DSM III-IV fällt auf, daß keine ausreichenden diagnostischen Zuordnungen für die Vielfalt und den Schweregrad an Bindungsstörungen möglich sind, wie wir sie in der klinischen Praxis wiederfinden" (Brisch 1999, S. 80). Erstmals werden in der ICD-10 die Klassifikationen „Reaktive Bindungsstörung des Kindesalters (F94.1)" und „Bindungsstörung des Kindesalters mit Enthemmung (F94.2)" unterschieden. Unter einer „Reaktiven Bindungsstörung des Kindesalters" versteht man anhaltende Auffälligkeiten im sozialen Beziehungsmuster eines Kindes während der ersten fünf Lebensjahre. Diese Auffälligkeiten sind häufig von emotionalen Störungen begleitet und haben als Ursache häufig einen Wechsel in den Milieuverhältnissen. Symptome dieser Bindungsstörung sind u.a. Furchtsamkeit und Übervorsichtigkeit, eingeschränkte soziale Interaktionen mit Gleichaltrigen, Aggressionen gegen sich selbst oder andere, Unglücklichsein und manchmal auch Wachstumsverzögerungen. Für die Diagnose einer Wachstumsverzögerung ist aber eine zusätzliche Klassifikation vorhanden. Konkret sind Kinder mit einer „Reaktiven Bindungsstörung" in ihrer Bindungsbereitschaft gegenüber Erwachsenen sehr gehemmt und reagieren mit Ambivalenz und Furcht auf die Bindungsperson. Als Ursachen gelten vor allem schwere emotionale oder körperliche Vernachlässigung seitens der Eltern, Missbrauch oder schwere Misshandlung. Dem gegenüber versteht man unter einer „Bindungsstörung des Kindesalters mit Enthemmung" „[e]in spezifisches abnormes soziales Funktionsmuster, das während der ersten fünf Lebensjahre auftritt mit einer Tendenz, trotz deutlicher Änderungen in den Milieubedingungen zu persistieren" (www.dimdi.de). Dies drückt sich vor allem darin aus, dass die Kinder ein konträres klinisches Bild zeigen. So zeigen sie distanzlose Kontaktfreudigkeit gegenüber verschiedensten Bindungspersonen und kaum modulierte Interaktionen mit Gleichaltrigen. Auch diese Störung hat ihre Ursachen in einer extrem emotionalen oder körperlichen Vernachlässigung seitens der Eltern und in einem ständigen Wechsel der Bindungsperson. Zur Diagnose einer Bindungsstörung muss ein Kind über einen Zeitraum von sechs Monaten erhebliche Schwierigkeiten im Verhalten zu mehreren sozialen und persönlichen Partnern zeigen. Zudem ist eine Differentialdiagnose nur durch längere und genaue Verhaltensbeobachtung möglich. Denn die Diagnose einer Bindungsstörung ist häufig sehr kompliziert, da sie mit vielen weiteren Verhaltensstörungen einhergehen und daher auch leicht verwechselt werden kann. Zudem kann die Diagnose nur gestellt werden, wenn bestimmte andere Störungen ausgeschlossen werden können Des Weiteren ist eine Bindungsstörung nicht gleichbedeutend mit einer Form unsicherer Bindung. Vielmehr handelt es sich hierbei um eine stabile Form von Verhaltensauffälligkeiten, die psychopathologische Züge annehmen.

Neben diesen expliziten Klassifikationen von Bindungsstörungen, finden sich im ICD-10 noch weitere Klassifikationen, die bindungsrelevante Aspekte beinhalten. Dies sind u.a. eine „Störung des Sozialverhaltens bei fehlenden sozialen Bindungen (F91.1)", „Störungen mit Trennungsangst des Kleinkindalters (F93.0)" und „Störungen mit sozialer Ängstlichkeit des Kleinkindalters (F93.2)". In der ICD-9 wurden diese Störungen der Bindung noch als Störungen der emotionalen Regulation verstanden. Doch in der ICD-10 werden sie unter der Kategorie „Störungen sozialer Funktionen mit Beginn in der Kindheit und Jugend (F94.-)" aufgeführt (vgl. Brisch 1999, S. 81). Neben den Klassifikationssytemen ICD und DSM gibt es noch eine Vielzahl von diagnostischen Manualen, wie z.B. das „Multiaxiale Klassifikationssystem für psychische Störungen des Kindes- und Jugendalters", in denen bindungsrelevante Störungen klassifiziert werden. Doch es würde in diesem Zusammenhang zu weit führen, all diese unterschiedlichen Klassifikationen zu nennen. Ohnehin ist das ICD das gängigste Klassifikationssystem in der klinischen Praxis.

4.2 Diagnostik und Typologie von Bindungsstörungen

„In sämtlichen Diagnosesystemen gibt es kein übergeordnetes Erklärungsmodell für die am beobachtbaren Verhalten und an den sozialen Belastungsfaktoren orientierte Bindungsdiagnostik. Dies ist erstaunlich, denn schon in früheren Jahren wurden auf dem Hintergrund der Bindungstheorie Typologien von Bindungsstörungen beschrieben, die aber in die oben angeführten Klassifikationssyteme bis heute keinen umfassenderen Eingang gefunden haben" (Brisch 1999, S. 82). Im Folgenden werde ich daher sechs Typologien von Bindungsstörungen beschreiben, die eine exakte Differentialdiagnose möglich machen. Alle Bindungsstörungen können zudem mit psycho-somatischen Symptomen, wie Wachstumsretardierung oder Eß-, Schrei- und Schlafstörungen, einhergehen.

4.2.1 Keine Anzeichen von Bindungsverhalten

Kinder dieser Typologie zeigen überhaupt kein Bindungsverhalten gegenüber einer Bindungsperson, auch nicht in bedrohlichen oder ungewohnten Situationen, in denen normalerweise das Bindungsverhaltenssystem aktiviert wird. Denn häufig haben diese Kinder keine Bindungsperson, zu der sie sich in solchen Situationen zurückziehen können. Auch bei Trennung von der Bindungsperson zeigen sie keinen Protest oder protestieren undifferenziert bei jeder Trennung von beliebigen Bindungspersonen. Man darf diese Typologie aber nicht mit einer unsicher-ambivalenten Bindung verwechseln, auch wenn das Verhalten der Kinder sehr an das Verhalten unsicher-ambivalent gebundener Kinder in der Fremden Situation erinnert. Vielmehr zeigt sich die Vermeidung bei diesen Kindern in einer Extremvariante. „Aus entwicklungspsychologischer Sicht ist es von Bedeutung, daß man diese Klassifikation von Bindungsstörung erst nach dem 8. Lebensmonat in Erwägung ziehen sollte, weil erst nach der Entwicklung der Fremdenangst („Fremdeln") mit etwa acht Monaten eine ausgeprägte Differenzierung und Bevorzugung einer primären Bindungsperson erwartet werden kann" (Brisch 1999, S. 83f.). Besonders auffällig ist zudem, dass man solche Verhaltensmuster häufig bei Heim- oder Pflegekindern findet, da diese in ihrem Leben häufig Beziehungswechsel und -abbrüche erlebt haben.

4.2.2 Undifferenziertes Bindungsverhalten

Diese Typologie zeichnet sich dadurch aus, dass die Kinder sich gegenüber allen Bindungspersonen gleich verhalten. Zudem verhalten sie sich auch gegenüber Fremden freundlich und zugewandt. Solche Verhaltensweisen werden auch mit dem Begriff „soziale Promiskuität" umschrieben. In belastenden und bedrohlichen Situationen suchen diese Kinder zwar Trost und Sicherheit bei einer Bindungsperson, sie wenden sich dabei jedoch undifferenziert an jede beliebige Person. Weiterhin fällt auf, dass sich die Kinder in solchen Situationen nur schwer von der primären Bindungsperson beruhigen oder trösten lassen.

Eine weitere Variante dieser Bindungsstörung wird als „Unfall-Risiko-Typ" bezeichnet. Kinder, die an einer solchen Bindungsstörung leiden, sind häufig in Unfälle mit Selbstgefährdung oder Selbstverletzung verwickelt. Die Kinder provozieren selbst Unfälle durch ihr ausgeprägtes Risikoverhalten. Der Grund für dieses Verhalten liegt vor allem darin, dass diese Kinder in gefährlichen Situationen vergessen, sich bei ihrer Bindungsperson rückzuversichern – so wie es sicher gebundene Kinder tun würden. Kurz gesagt: Ihnen fehlt die Fähigkeit zum sozialen Referenzieren. Auffällig ist zudem, dass trotz der häufigen Unfälle bei den Kindern kein Lernprozess einsetzt, d.h. die Kinder setzen ihr Risikoverhalten ungeachtet der Vergangenheit fort. Auch diese Störung ist häufig bei Heim- und Pflegekindern und bei emotional und körperlich vernachlässigten Kinder zu finden.

4.2.3 Übersteigertes Bindungsverhalten

Diese Form der Bindungsstörung zeichnet sich dadurch aus, dass die Kinder exzessiv klammern. Konkret bedeutet das, dass die Kinder nur in absoluter Nähe zur Bezugsperson beruhigt und ausgeglichen sind. In fremden Situationen zeigen sie sich überängstlich und suchen die extreme Nähe zur Bezugsperson. Es zeigt sich keinerlei Explorationsverhalten. Das Bindungsverhaltenssystem ist über den gesamten Zeitraum aktiviert. Auf eine Trennung von der Bindungsperson reagieren sie übermäßig emotional und gestresst – sie weinen, toben, geraten in Panik und sind untröstlich. Auch kürzere Trennungen sind für diese Kinder sehr problematisch und belastend. Auffällig ist, dass diese Form der Bindungsstörung vor allem bei Kindern auftritt, deren Mütter an einer Angststörung mit extremen Verlustängsten leiden. Bei diesen Müttern dienen die Kinder als sichere emotionale Basis, mit deren Hilfe diese sich psychisch stabilisieren können.

4.2.4 Gehemmtes Bindungsverhalten

Kinder mit dieser Form der Bindungsstörung zeigen keinen oder nur geringen Widerstand in Trennungssituationen. Zudem ist ihr Bindungsverhalten gegenüber der Bindungsperson sehr gehemmt und sie fallen durch übermäßige Anpassung auf, d.h., dass sie Aufforderungen und Befehlen der Bezugsperson umgehend nachkommen. Besonders auffällig ist, dass die Kinder in Abwesenheit ihrer Bezugsperson gegenüber Fremden ihre Gefühle sehr offen und frei äußern können. „Diese Kinder haben sich, etwa nach massiver körperlicher Mißhandlung oder in Familien, deren Erziehungsstil durch die Ausübung von körperlicher Gewalt oder durch Gewaltandrohung geprägt ist, darauf eingestellt, ihre Bindungswünsche vorsichtig und zurückhaltend gegenüber ihren Bindungspersonen zu äußern, da sie einerseits bei diesen Schutz und Geborgenheit erwarten, andererseits diese ihnen aber auch etwa durch Androhungen von Gewalt Angst machen" (Brisch 1999, S. 87).

4.2.5 Aggressives Bindungsverhalten

Diese Kinder gestalten ihre Bindungsbeziehungen vor allem durch körperliche und/oder verbale Aggression. So zeigen sie ihren Wunsch nach Nähe. Kinder mit dieser Bindungsstörung müssen häufig in einer kinderpsychiatrischen Ambulanz vorstellig werden, da ihr aggressives Beziehungs- und Kontaktverhalten ganz im Vordergrund der Symptomatik steht (vgl. Brisch 1999, S. 87). Häufig zeigen die Kinder ihr aggressives Verhaltensmuster auch in anderen sozialen Interaktionen, wie z.B. in der Schule, was dazu führt, dass sie oft die Diagnose „aggressive Verhaltensstörung" erhalten. Doch trotz ihres aggressiven Verhaltens lassen sich diese Kinder sehr schnell von Personen beruhigen, zu der sie eine Bindung aufgebaut haben. Problematisch ist jedoch, dass viele Menschen ihnen aufgrund ihrer aggressiven Verhaltensweisen die Bindung verwehren. Dies ist u. a. auch der Grund für die Bindungsstörung. Denn die Bindungswünsche dieser Kinder werden häufig zurückgewiesen. Dadurch entsteht bei den Kindern die Angst, dass sich keine Bindung entwickelt oder dass diese abgebrochen wird. Dies führt bei den Kindern wiederum zu Frustrationen und einer massiven Aktivierung des Bindungsverhaltenssystems. Jedoch darf diese Form der Bindungsstörung nicht mit einer „dissozialen Verhaltensstörung" verwechselt werden, denn diese ist deutlich vielfältiger in der Symptomatik und zeichnet sich nicht nur durch aggressives Interaktionsverhalten aus.

4.2.6 Bindungsverhalten und Rollenumkehr

Typisch für diese Form der Bindungsstörung ist eine Rollenumkehr zwischen dem Kind und seiner Bezugsperson. Dieses Phänomen wird auch als „Parentifizierung" bezeichnet. Konkret zeigt sich dies in einem überfürsorglichen Verhalten des Kindes gegenüber der Bindungsperson, wobei das Kind die Verantwortung für diese übernimmt. Aufgrund dieser Aufgabe schränkt das Kind sein Explorationsverhalten ein und versucht ständig, in der Nähe der Bindungsperson zu bleiben. Kinder mit einer solchen Bindungsstörung zeichnen sich dadurch aus, dass sie außergewöhnlich feinfühlig auf die Bedürfnisse ihrer Bindungsperson eingehen und ihr sehr freundlich und zugewandt, aber auch kontrollierend begegnen. Daher darf diese Störung nicht mit einer sicheren Bindung verwechselt werden, bei der im Idealfall das Kind im Rahmen der „zielkorrigierten Partnerschaft" auf die Bedürfnisse der Bindungsperson eingeht. Denn eine sichere Bindung führt zu einem explorationsfördernden Verhalten. Dem hingegen schränken die Kinder, die an dieser Bindungsstörung leiden, ihr Explorationsverhalten ein. Der Grund für diese Bindungsstörung liegt vor allem darin, dass die Kinder Angst um den Verlust ihrer Bindungsperson haben. Die Angst besteht vor allem bei drohender Scheidung, bei Suizidandrohungen, nach einem Suizidversuch oder Suizid eines Elternteils.

4.3 Ursachen von Bindungsstörungen

Ein Erklärungsmodell für die Entwicklung von Bindungsstörungen liefert vor allem die Bindungstheorie von John Bowlby. Bowlby geht davon aus, dass eine zwischenmenschliche Bindung einen wichtigen Teil der menschlichen Entwicklung darstellt. Werden diese frühen Bindungen und die Bedürfnisse nach Nähe und Schutz in Bedrohungssituationen nicht adäquat, unzureichend oder widersprüchlich beantwortet, besteht die Gefahr, dass sich eine Bindungsstörung entwickelt. Sind diese pathogenen Faktoren jedoch nur vorübergehend, kann häufig ein desorganisiertes Bindungsverhalten entstehen. Sind sie dagegen dauerhaft, können sich daraus Bindungsstörungen entwickeln (vgl. Brisch 2002, S. 357). Konkrete Ursachen für Bindungsstörungen sind u.a. massive körperliche und emotionale Vernachlässigung, sexuelle, körperliche und emotionale Gewalt, häufig wechselnde Bezugssysteme und häufige Verluste von Bindungspersonen. Aus diesen Ursachen folgt die Zerstörung einer sicheren emotionalen Basis, der Verlust von emotionaler Sicherheit und Vertrauen, eine mangelnde Beziehungsfähigkeit und letztlich eine hochgradige Verhaltensstörung in bindungsrelevanten Situationen. Neben der elterlichen Psychopathologie können jedoch auch Sozialfaktoren wie Armut, Arbeitslosigkeit oder schlechte Wohnverhältnisse und der Charakter/das Temperament des Kindes als Ursache für eine Bindungsstörung genannt werden. Besonders gefährdet sind auch Kinder, bei denen es in der Schwangerschaft zu psychischen, physischen oder sozialen Belastungen der Schwangeren kam, und zu früh geborene Kinder. Denn bei Frühgeburten kann aufgrund der längeren Inkubation die frühe Eltern-Kind-Bindung nicht so ungestört verlaufen wie bei „normalen Kindern" (vgl. Brisch 2002, S. 358).

Letztlich sind die Ursachen für Bindungsstörungen sehr vielfältig und komplex. Alle Faktoren spielen in gewisser Weise zusammen und ergänzen sich komplementär. Somit gibt es auch nicht „die Universalursache" für Bindungsstörungen.

4.4 Anwendung der Bindungstheorie in klinischen und beratenden Settings

Die Bindungstheorie besitzt hohen klinischen Wert, denn sie dient als Erklärungsmodell für viele Verhaltensstörungen und leistet somit einen entscheidenden Beitrag für Diagnose und Therapie. Vor allem die Bindungsqualitäten besitzen in der Arbeit mit Eltern und Kindern eine hohe Erklärungskraft. Auch die Annahme der Bindungstheorie, dass die Verfügbarkeit der Bindungsperson in der frühen Kindheit einen entscheidenden Beitrag für die spätere Entwicklung aller sozialen Beziehungen leistet, ist im pädagogischen und psychologischen Bereich sehr wertvoll und nützlich. Zur größeren Anwendbarkeit der Bindungstheorie in Beratung und Therapie wurde sie so modifiziert und weiterentwickelt, dass fast alle Interaktionen innerhalb der Familie bindungstheoretisch interpretiert werden können. Mittlerweile gibt es nahezu keine Symptomatik, keine Störung und keinen Therapie- bzw. Beratungsansatz, bei dem nicht bindungstheoretische Überlegungen angestellt werden können. So spielt beispielsweise in der systemischen Familientherapie die Bindungstheorie schon seit Jahren eine große Rolle. Denn sie macht deutlich, dass bei der Diagnose und Behandlung von Verhaltensstörungen bei Kindern immer auch die elterlichen und familiären Beziehungen beachtet werden müssen. Des Weiteren dient die Bindungstheorie in der Entwicklungspsychologie und in der therapeutischen Praxis schon seit langem als tragfähige Basistheorie zur Erklärung von Entwicklungsprozessen. Besonders in Erziehungsberatungsstellen findet sie daher breite Anwendung. Denn die Aufgabe von Erziehungsberatung besteht darin, Eltern und Kinder bei der Bewältigung von individuellen familienbezogenen Problemen und den zugrunde liegenden Faktoren sowie bei der Lösung dieser Probleme zu unterstützen. Die Bindungstheorie stellt in diesem Zusammenhang das Basiswissen über den Aufbau, die Dauer und die

Bedeutung von existentiellen Eltern-Kind-Beziehungen bereit. Diese große Anwendbarkeit und Wichtigkeit der Bindungstheorie bedeutet aber nicht, dass bei jeder Symptomatik immer eine Bindungsstörung vorliegt.

Aufgrund der enormen Wichtigkeit und Bedeutung der Bindungstheorie für pädagogisches Handeln, besonders in der Beratung, kommt kein Professioneller mehr umher, die Grundzüge und Implikationen dieser Theorie zu kennen.

5. Schluss

Durch die Bindungstheorie ist es gelungen, wichtige entwicklungspsychologische Erkenntnisse der frühkindlichen Entwicklung zu beschreiben. Vor allem durch die Erfassung der unterschiedlichen Bindungsqualitäten und durch die Betonung der Wichtigkeit der frühen Eltern-Kind-Beziehung wurde es möglich, klinische und praktische Implikationen abzuleiten. Die praktische Anwendung der Bindungstheorie ebnet den Weg zum Verständnis der Krankheitsentstehung, wie etwa bei Bindungsstörungen, und auch für die therapeutische Arbeit. Hier kann unter Berücksichtigung der jeweils spezifischen Bindungsmuster der Patienten effiziente diagnostische und therapeutische Arbeit betrieben werden.

Ich denke, die vorangegangenen Ausführungen haben recht deutlich gemacht, welch enormen Stellenwert die Bindungstheorie in den Disziplinen Pädagogik und Psychologie hat. Genau genommen kann man die Bindungstheorie sogar als eigenständige Disziplin betrachten. Kaum eine andere Theorie hat so viel Beachtung erfahren wie die Bindungstheorie. Sie weist Verbindungen zur Systemtheorie und zur kognitiven Psychologie auf und hat einen großen Beitrag zur Familientherapie, kognitiven Therapie sowie zur Psychoanalyse geleistet (http://de.wikipedia.org/wiki/Bindungstheorie). Neben Bowlby haben sich zahlreiche andere Forscher, wie Freud oder Spitz, mit dem Thema Bindung beschäftigt. Weiterhin sind die Annahmen und Thesen der Bindungstheorie in zahlreichen empirischen Untersuchungen bestätigt worden. Sie gilt daher als „gesichert". Dies ist wohl auch einer der Gründe, weshalb die Bindungstheorie von so vielen unterschiedlichen Forschern und so vielen anderen Theorien aufgegriffen und modifiziert wurde.

Literaturverzeichnis

Ainsworth, M.D.S. Attachment and dependency: A comparison. In: Gewirtz, J.L.: Attachment and dependency. Washington, D.C.: Winston, 1972.

Brisch, Karl-Heinz: Bindungsstörungen. Von der Bindungstheorie zur Therapie. Stuttgart: Klett-Cotta, 1999.

Brisch, Karl-Heinz: Bindungsstörungen. Therapie, Psychotherapie, Interventionsprogramme und Prävention. In: Brisch, Karl-Heinz et al.: Bindung und seelische Entwicklungswege. Grundlagen, Prävention und klinische Praxis. Stuttgart: Klett-Cotta, 2002, S. 353-370.

Grossmann, Klaus E. et al: Die Bindungstheorie. Modell, entwicklungspsychologische Forschung und Ergebnisse. In: Keller, Heidi: Handbuch der Kleinkindforschung. Bern/Göttingen/Toronto/Seattle: Hans Huber, 1997, S. 51-95.

Siegler, Robert, DeLoache, Judy, Eisenberg, Nancy: Entwicklungspsychologie im Kindes- und Jugendalter. München: Spektrum Akademischer Verlag, 2005.

Zellmer, Svenja: Kontinuität der Bindung vom Vorschulalter bis zur mittleren Kindheit (Inaugural-Diss). Düsseldorf, 2007.

http://www.dimdi.de/static/de/klassi/diagnosen/icd10/htmlamtl/fr-icd.htm?gf90.htm

http://de.wikipedia.org/wiki/Bindungstheorie

http://de.wikipedia.org/wiki/Adult_Attachment_Interview

Gefährdet die institutionelle Tagesbetreuung die Bindungssicherheit von Kleinkindern? Von Anne-Christin Hummelt

2005

1. Einleitung

„Die Verbesserung der Kinderbetreuung wird von allen gesellschaftlichen Kräften als notwendiger Innovationsschub für unser Land angesehen."
(Renate Schmidt, Bundesministerin für Familie, Senioren Frauen und Jugend, zit. nach BMFSFJ 20042, S. 2)

1.1 Relevanz des Themas

Seit dem 01.01.2005 gilt das Tagesbetreuungsausbaugesetz, kurz TAG, zum stufenweisen Ausbau der Betreuungsplätze für Kinder unter drei Jahren. Für dieses Gesetz argumentiert das Bundesministerium für Familie, Senioren, Frauen und Jugend mit einem Profit für Kinder und für ihre Familien sowie für Wirtschaft und Gesellschaft (BMFSFJ 20042, S 2: „frühe Förderung", „bessere Vereinbarkeit von Beruf und Familie", „qualifizierte Fachkräfte").

Bei Überlegungen wie „...dass die Entscheidung für ein Leben mit Kindern leichter fällt" scheint es, als werden die Bedürfnisse der Kinder zugunsten des innereuropäischen Wettbewerbs und der elterlichen Karrierepläne zur Nebensache.

Ganz vergessen wird bei dem „ehrgeizigen Ziel" (ebd.), bis 2010 die Standards vergleichbarer europäischer Länder in der Kinderbetreuung zu erreichen, dass eine Tagesbetreuung für unter Dreijährige unter Umständen auch negative Auswirkungen für die kindliche Entwicklung haben könnte. Ohne Zweifel ist eine Frühförderung kognitiver Kompetenzen (BMFSFJ 20042, S. 4: „Jede Förderung, die Kindern unter drei Jahren zugute kommt, wirkt sich positiv auf ihren weiteren Weg in Schule und Ausbildung aus.") angesichts der PISA-Ergebnisse zu begrüßen.

Können sich trotz aller guten Absichten und Hoffnungen, die das neue Gesetz begleiten, auch Nachteile für die Kinder ergeben? Es gibt andere bedeutende Entwicklungsschritte in der Phase der Frühkindheit bis zu einem Alter von drei Jahren, welche nicht übersehen werden sollten: So stellt die Entwicklung einer Bindungsbeziehung zwischen den Eltern und dem Kind eine wichtige Entwicklungsaufgabe dar, indem sie – um nur ein Beispiel zu nennen – zur Entwicklung von psychischer Sicherheit und der Fähigkeit zu vertrauen beiträgt.

Aufgrund der Forschungen John Bowlbys zur frühkindlichen Bindung erscheint es sinnvoll, dass Kinder frühestens ab einem Alter von drei Jahren von der Mutter bzw. den Eltern getrennt werden und den Kindergarten besuchen.

Verhalten sich damit Eltern, welche ihr Kind schon im Säuglingsalter betreuen lassen, unverantwortlich und ist das TAG nun sogar eine Legitimation für die fahrlässige Gefährdung des seelischen Wohles der Kinder?

In dieser Hausarbeit möchte ich die Frage klären, ob eine zu frühe außerfamiliale Tagesbetreuung die Bindungsentwicklung von Kleinkindern gefährden und dadurch weitere Entwicklungsstörungen nach sich ziehen kann. Mit dem Inkrafttreten des TAG ist diese Frage wieder aktuell geworden.

1.2 Aufbau der Arbeit

Um möglichen Nachteilen der Tagesbetreuung für Kinder unter drei Jahren auf den Grund zu gehen, habe ich den Hauptteil meiner Arbeit in drei Unterpunkte gegliedert.

Zunächst möchte ich die generelle Situation in Bezug auf Tagesbetreuung beschreiben. Dabei gebe ich einen groben Überblick über die institutionellen Grundlagen sowie den aktuellen rechtlichen Hintergrund der außerfamilialen Betreuung für 0- bis 3-Jährige dar, indem ich das neue Gesetz zum Tagesbetreuungsausbau (TAG) vorstelle. Darüber hinaus informiere ich über das gegenwärtige Angebot an Betreuungsplätzen für die betreffende Altersgruppe im Hinblick auf die Unterschiede zwischen Ost- und Westdeutschland.

Im zweiten Teil kläre ich den Begriff Bindung nach John Bowlby sowie die Phasen der Bindungsentwicklung, um die Bedeutung der Entwicklung für die spezifische Altersgruppe der unter Dreijährigen zu verdeutlichen. Darüber hinaus stelle ich Bedingungen für die Qualität der Bindungsbeziehung heraus.

Abschließend diskutiere ich, ob ein Widerspruch zwischen den Forschungen zur frühkindlichen Bindung und den Absichten des TAG besteht, indem ich die Veränderungen der Familie und der Kindheit berücksichtige und zusätzlich die Qualität der Kindertagesbetreuung insbesondere bei den unter Dreijährigen sowie die Qualitätsorientierung des TAG heranziehe.

Im Schlussteil der Arbeit finden sich eine abschließende Zusammenfassung und die Konsequenzen, die sich aus der Erörterung ergeben.

2. Außerfamiliale Betreuung von Kleinkindern und ihre Bedeutung für die Bindungsentwicklung

2.1 Tagesbetreuung bei Kindern unter drei Jahren

Es wird insgesamt zwischen familialer und institutioneller Tagesbetreuung unterschieden, wobei die institutionelle Tagesbetreuung durch „pädagogische Fachkräfte unter Trägerschaft einer Organisation oder eines Vereins und die Leistung eines finanziellen Beitrages durch die Eltern" (Vogelsberger 2002, S. 15) gekennzeichnet ist.

Vogelsberger (S. 13) definiert Tagesbetreuung von Kindern als „(...) die Betreuung von Kindern für einen Teil des Tages oder den gesamten Tag (...), wobei nach § 7 KJHG als Kind jede Peson definiert wird, die das 14. Lebensjahr noch nicht vollendet hat.". Darüber hinaus stellt er eine Implikation des Begriffes fest, nach der „die notwendige Betreuung eines Kindes gemeint ist, dessen Eltern oder alleinerziehende Elternteile aus Gründen der Erwerbstätigkeit oder sonstiger außerhäuslicher Tätigkeit (z.B. Studium) nicht in der Lage sind, diese in der Tradition ureigenste Aufgabe der Familie der Familie selbst zu erfüllen." (ebd.). Damit kommt der Tagesbetreuung der negative „Charakter einer Bewahranstalt" (S. 14) zu, die lediglich bei einer sozialen Notlage in Anspruch genommen wird.

Die Tagesbetreuungsmöglichkeiten für Kinder können nach Altersgruppen in verschiedene Bereiche eingeteilt werden, wobei die Angebote zwischen ganztags und für einen Teil des Tages variieren. Auch aus diesem Grund warnt Münder (2004, S. 3) davor, die folgenden Begriffe für die verschiedenen Betreuungsformen als verbindlich zu betrachten. Der Kindergarten ist eine Einrichtung zur Betreuung von Kindern zwischen dem dritten Lebensjahr bis zum schulpflichtigen Alter. In Horten werden Schulkinder (6- bis 12-jährige Kinder) außerhalb der Schulzeit betreut. Die Tagesbetreuung für die Altersgruppe, mit welcher ich mich hier beschäftige (0- bis 3-Jährige), wird Krippe oder auch Krabbelstube genannt. Eine weitere für diese Altersgruppe bedeutende Form ist die der Tagespflege. Dabei werden die Kinder entweder im Haushalt der Eltern oder dem der Tagespflegeperson betreut (s. Münder 2004, S. 3). Ich werde in meinen Ausführungen den Begriff Kindertageseinrichtungen verwenden, weil für die betreffende Altersgruppe auch kombinierte Einrichtungen in Frage kommen, in der die verschiedenen Betreuungsformen angeboten werden.

Der eben angesprochene Negativ-Charakter der Tagesbetreuung dürfte insbesondere auf die Einrichtungen für unter Dreijährige zutreffen, weil es sich – im Gegensatz zur Kinderkrippe – beim Kindergarten für Drei- bis Sechsjährige um eine „sozialpädagogische Bildungseinrichtung" (Vogelsberger 2002, S. 29) handelt und in seinen Aufgaben „auch inhaltliche Ansprüche formuliert" sind (ebd.).

Die Träger der Tageseinrichtungen sind vielfältig, wodurch im Sinne des SGB VIII gewährleistet ist, „dass in der Jugendhilfe unterschiedliche Wertorientierungen, Inhalte und Methoden in der Praxis vertreten werden" (BMFSFJ 2000, S. 26). So gibt es Tageseinrichtungen in öffentlicher (Städte, Gemeinde oder Kreise) als auch in freier Trägerschaft (Kirchen, Wohlfahrtsverbände, Vereine oder Initiativen) und die Eltern können eine ihren Wertvorstellungen entsprechende Tageseinrichtung wählen. 2002 lag die Mehrzahl der Einrichtungen in freier Trägerschaft (vgl. BMFSFJ 20042, S. 8). Dieser Umstand hängt mit einem wichtigen Grundsatz bezüglich der Zusammenarbeit der öffentlichen und freien Jugendhilfe zusammen, nach dem die öffentliche Jugendhilfe von Aufgaben absehen soll, welche die freie Jugendhilfe übernehmen kann (vgl. § 4Abs. 2 SGB VIII).

Die Kindertagesbetreuung als Teil der Jugendhilfe ist im Wesentlichen eine Aufgabe der Kommunen. So sind diese für die Kosten sowie den Ausbau von Tageseinrichtungen und Kindertagespflege zuständig. Die gesetzliche Grundlage zur Tagesbetreuung bietet der Bund im Achten Buch Sozialgesetzbuch, dem Kinder- und Jugendhilfegesetz, durch die §§ 22 – 26. Das Gesetz sieht für Kinder „vom vollendeten Lebensjahr bis zum Schuleintritt" einen „Anspruch auf den Besuch eines Kindergartens" vor. „Für Kinder unter drei Jahren (...)" galt bis zum 01.01.2005, dass „(...) nach Bedarf Plätze in Tageseinrichtungen vorzuhalten" seien (SGB VIII, § 24). Durch Landesgesetze haben die sechzehn Bundesländer diesen gesetzlichen Rahmen ergänzt, worauf ich später eingehen werde.

2.1.1 Das Tagesbetreuungsausbaugesetz (TAG)

Seit dem 01.01.2005 gilt das neue Tagesbetreuungsausbaugesetz (TAG), welches den § 24 SGB VIII um den Absatz 3 ergänzt:

„Für Kinder im Alter unter drei Jahren sind mindestens Plätze in Tageseinrichtungen und in Kindertagespflege vorzuhalten, wenn

1. die Erziehungsberechtigten oder, falls das Kind nur mit einem Erziehungsberechtigten zusammen lebt, diese Person einer Erwerbstätigkeit nachgehen oder eine Erwerbstätigkeit aufnehmen, sich in einer beruflichen Bildungsmaßnahme befinden oder an Maßnahmen zur Eingliederung in Arbeit im Sinne des Vierten Gesetzes für moderne Dienstleistungen am Arbeitsmarkt teilnehmen oder

2. ohne diese Leistung eine ihrem Wohl entsprechende Förderung nicht gewährleistet ist; die §§ 27 bis 34 bleiben unberührt.

Der Umfang der täglichen Betreuungszeit richtet sich nach dem individuellen Bedarf im Hinblick auf die in Satz 1 genannten Kriterien." (BMFSFJ 20041, S. 2).

Mit dieser Änderung im Achten Buch Sozialgesetzbuch (KJHG: Kinder- und Jugendhilfegesetz) reagiert die Bundesregierung auf den Bedarf an Tagesbetreuungsplätzen für die unter Dreijährigen.

Zwar sollten auch vor Änderung des Gesetzes Tagesbetreuungsplätze „nach Bedarf" (vgl. oben) vorhanden sein, jedoch liegt das tatsächliche Angebot nach Aussage des Bundesministeriums für Familie, Senioren, Frauen und Jugend „noch deutlich unterhalb des Bedarfs" (BMFSFJ 20042, S. 3). Hier soll das neue Gesetz greifen, nach dem die Kommunen zu einem „an den lokalen Bedingungen und am Bedarf orientiert(en)" (ebd.) Ausbau bis 2010 verpflichtet sind. Das bedeutet, es soll ein stufenweiser Aufbau stattfinden, bei dem die Kommunen flexibel agieren können. Allerdings ist eine Bedarfsplanung bis 2005 verbindlich und die Ausbaufortschritte müssen jährlich bilanziert werden (s. BMFSFJ 20041, S. 4). Ein Rechtsanspruch auf einen Betreuungsplatz ist aber nach wie vor auch für die unter Dreijährigen nicht vorgesehen (vgl. BMFSFJ 20042, S. 8). Außerdem besteht nach diesem Gesetz nur ein begründeter Bedarf bei Erwerbstätigkeit der Eltern oder der Gefährdung der Förderung des Kindes. Dem Negativ-Image der Kindertagesbetreuung der unter Dreijährigen (s. oben) wird somit auch hier nicht entgegengewirkt.

Der bedarfsgerechte Ausbau der Betreuungsangebote für die unter Dreijährigen soll durch die Einsparungen finanziert werden, welche durch Hartz IV erreicht werden. „Bis zu 1,5 Mrd. Euro" (BMFSFJ 20042, S. 2) von den jährlich eingesparten 2,5 Mrd. Euro sollen den Kommunen für die Schaffung von „mindestens 230.000" (ebd.) zusätzlichen Plätzen zur Verfügung stehen. Das Ziel ist, bis 2010 eine Versorgung von 300.000 Betreuungsplätzen für die unter

Dreijährigen zu schaffen, womit sich der Bestand im „Vergleich zum heutigen Niveau in den alten Bundesländern mehr als vervierfacht" (ebd.) hätte.

2.1.2 Das gegenwärtige Angebot an Betreuungsplätzen

Von den derzeit etwa 47.300 Tageseinrichtungen (Stand 2002) kommen für Betreuung der betreffenden Altersgruppe der 0- bis 3-Jährigen weniger als 40 % in Frage: Während sich die Zahl der Kindergärten auf etwa 27.800 beläuft, gibt es 15.200 Kombi-Einrichtungen für alle Altersgruppen und lediglich 800 Kinderkrippen deutschlandweit (BMFSFJ 20042, S. 8).

Daraus ergibt sich, dass für nur 8,5 % der unter Dreijährigen bundesweit Krippenplätze zur Verfügung stehen, das sind 2,7 % der Kinder im Westen und 37 % der Kinder im Osten. Die vorhandenen Krippenplätze sind dabei mit 72 % in Westdeutschland und 98 % in Ostdeutschland zum Großteil Ganztagsplätze (ebd., S. 5 und S. 7). Damit hat sich die Versorgungsquote der unter Dreijährigen seit 1998 insgesamt minimal um 1,5 % verbessert. Jedoch ist die Versorgung in Westdeutschland sogar weiter zurückgegangen (1998 lag sie bei 2,8 %), während sie in den neuen Ländern gestiegen ist (1998: 36,3 %). Unter den westdeutschen Bundesländern hatte – Berlin ausgenommen – Hamburg mit 11,7 % die höchste Versorgungsquote und Baden-Württemberg mit 1,3 %, gefolgt von Bayern und Rheinland-Pfalz je mit 1,4 % die niedrigste. Die niedrigste Versorgungsquote der ostdeutschen Länder wies Sachsen mit 24,1 % auf, die höchste Quote erreichte Brandenburg mit 51,9 % (s. Münder 2004, S. 4). Berlin wies eine Versorgungsquote von 32,2 % auf. Man kann feststellen, dass selbst Sachsen mit der niedrigsten Versorgungsquote der ostdeutschen Länder 1998 mehr als doppelt so viele Betreuungsplätze für die unter Dreijährigen zur Verfügung gestellt hat als Hamburg als das stärkste westdeutsche Bundesland.

Diese Unterschiede kann man zum einen vor dem Hintergrund der Zweiteilung Deutschlands begründen. So hält Vogelsberger fest, dass bereits in der DDR „die flächendeckende Versorgung an Krippenplätzen für Kleinkinder (...) weltweit unerreicht" war (2002, S. 39 zit. nach Cyprian/Franger).

Darüber hinaus liegen diese Unterschiede vermutlich an der „Aufteilung der rechtlichen Regelungen zwischen bundesrechtlichen und landesrechtlichen Bestimmungen" (Münder 2004, S. 5) im Bezug auf Tageseinrichtungen und Tagespflege. Die §§ 22 bis 26 SGB VIII zur „Förderung von Kindern in Tageseinrichtungen und in Tagespflege" sichern nur den Anspruch auf einen Kindergartenplatz für die ab Dreijährigen zu. Das geforderte bedarfsgerechte Angebot für unter Dreijährige fällt vermutlich eher unter das Landesrecht, „das Nähere über Inhalt und Umfang" zur Förderung zu regeln (§ 26 SGB VIII).

Bei Betrachtung der Landesgesetze der Bundesländer Brandenburg und Bayern, deren Versorgungsquoten bezüglich der Betreuungsplätze für Kinder unter drei Jahren erheblich differieren (s. oben: 51,9 % : 1,4 %), kann man Vermutungen über Gründe für diesen Unterschied anstellen: Das Land Brandenburg setzt bereits in § 1 Abs. 2 seines KitaG einen Rechtsanspruch auch für Kinder bis zum vollendeten dritten Lebensjahr fest, „wenn ihre familiäre Situation, insbesondere die Erwerbstätigkeit, die häusliche Abwesenheit wegen Erwerbssuche, die Aus- und Fortbildung der Eltern oder ein besonderer Erziehungsbedarf Tagesbetreuung erforderlich macht." Auch in § 1 Abs. 4 sowie § 10 Abs. 1 gibt es Angaben zu verschiedenen Betreuungsformen und Personalausstattung speziell für die unter Dreijährigen (vgl. Land Brandenburg 1992). Im Bayerischen KiG aus dem Jahr 1972 gibt es dagegen keine Äußerungen, welche Kinder unter drei Jahren betreffen. Im 1. Abschnitt Art. 1 Abs. 1 heißt es lediglich: „Kindergärten sind Einrichtungen im vorschulischen Bereich. Sie dienen der Erziehung und Bildung der Kinder vom vollendeten dritten Lebensjahr bis zum Beginn der Schulpflicht." (Land Bayern 1972). Dieser gravierende Unterschied der beiden Ländergesetze im Bezug auf die Berücksichtigung der unter Dreijährigen zeigt, dass ein fehlender rechtlicher Hintergrund auch mit einer niedrigen Versorgungsquote zusammenhängt. Auch Vogelsberger stellt fest, dass es „in vielen Ländern lange Zeit keine gesetzlichen Grundlagen für die Arbeit in Krippen und Horten" gab (2002, S. 127) und für die unter Dreijährigen „noch immer erhebliche Platzdefizite" bestehen (S. 128).

Ist ein Bundesland wie Bayern bzw. sind die gesamten westdeutschen Länder im innerdeutschen Vergleich sowie im Vergleich mit europäischen Ländern rückständig oder gibt es Gründe, warum ein sparsames Betreuungsangebot für 0- bis 3-Jährige zu begrüßen wäre?

Einleitend habe ich bereits die Vermutung geäußert, dass eine zu frühe Betreuung außerhalb der Familie eventuell nachteilig für das Kind sein könnte. Um die Bedeutung der frühkindlichen Bindung für die weitere emotionale Entwicklung des Kindes zu verdeutlichen, führe ich im Folgenden Aspekte der Bindungstheorie an.

2.2 Die frühkindliche Bindung

John Bowlby und andere Bindungsforscher haben sich bereits in der ersten Hälfte des 20. Jahrhunderts mit der frühkindlichen Bindung beschäftigt. Bindung kann definiert werden als gefühlsmäßiges „Band" (Grossmann 2003, S. 41) zwischen Kind und Bindungsobjekt, das beide räumlich verbindet und zeitlich andauert Dabei ist die Zuneigung des Kindes spezifisch auf eine Bindungsfigur bezogen, das heißt, das Kind kann eine bestimmte Person als Objekt der Zuneigung identifizieren und von anderen Personen unterscheiden. Bindung ist des Weiteren ein aktiver und zweiseitiger Prozess und bedeutet, dass eine Interaktion zwischen dem Kind und der Bindungsfigur stattfindet; das Kind ist also nicht nur Empfänger der Zuneigung (s. Grossmann 2003, S. 102).

Bowlby unterscheidet verschiedene Figuren, auf die sich das Bindungsverhalten richtet (Bowlby 1986 S. 279ff). Es gibt eine „Hauptbindungsfigur" (S. 280), meist die natürliche Mutter, welche sich in lebendige soziale Interaktion mit dem Kind begibt und prompt auf seine Signale reagiert. Außerdem gibt es „Nebenfiguren" (S. 281), also die Spielgefährten wie Vater oder Geschwister, welche auch wechseln können. In diesem Zusammenhang ist die sichere Bindung an die Hauptbindungsfigur eine Voraussetzung für die ungehemmte Entwicklung von Beziehungen zu den Nebenfiguren. Eine Bindung kann darüber hinaus auch zu „leblosen Objekten" (S. 283) bestehen, wenn die „natürliche" Bindungsfigur abwesend ist.

Die Bindung zwischen Mutter und Kind entwickelt sich durch die Mutter-Kind-Interaktion: Sogenannte „Signalverhaltensweisen" des Kindes (S. 229ff), wie Schreien oder Lächeln, bewirken, dass die Mutter zum Kind kommt. Außerdem kann sich das Kind z.B. durch Anklammern auch selbstständig an die Mutter annähern (S. 232ff: „Annäherungsverhalten"). Auf der anderen Seite wendet sich die Mutter dem Kind zu; ernährt es und hält den engen physischen Kontakt aufrecht (S. 225ff: „Pflegeverhalten"). All diese Verhaltensklassen fördern die Nähe und den Kontakt zwischen Mutter und Kind und dienen der Aufrechterhaltung der Bindung aus gewisser Entfernung. Wichtig ist anzumerken, dass Bindung auch zu anderen fürsorglichen, alltäglich anwesenden Personen aufgebaut werden kann. Das heißt, dass beispielsweise der Vater oder eine andere Person, die ständige Nähe und Kontakt zum Kind aufbaut, Hauptbindungsfigur sein kann. Der Einfachheit halber werde ich im Folgenden die Mutter als Bindungsfigur bezeichnen.

2.2.1 Die Phasen der Bindungsentwicklung

Die Bindungsentwicklung vollzieht sich in vier Phasen und beginnt mit der Geburt des Kindes (s. Bowlby 1986, S. 247ff).

Die erste Phase, die bis zur 8. bis 12. Woche andauert, ist durch Orientierung (Mit-den-Augen-Verfolgen, Kopfdrehen) und Signale (Lächeln, Schwätzeln, Schreien) ohne Unterscheidung der Figur gekennzeichnet. Der Säugling reagiert freundlich auf die Personen in seiner Umwelt, wobei das angeborene Reizunterscheidungsvermögen dazu beiträgt, dass verschiedene Reize verschiedene Verhaltensweisen auslösen. Diese sind zunächst spontan und werden durch ständiges Feedback (z.B. Zuwendung der Mutter) erlernt. Man kann also von gegenseitiger Verstärkung und gesteuertem Verhalten sprechen.

In der zweiten Phase (Alter: 12. Woche bis 6. Monat) richtet das Kind seine Orientierungen und Signale bereits auf eine oder mehrere spezifische Personen. Das Kind kann nach auditiven Reizen und Sehreizen unterscheiden und das freundliche Verhalten gegenüber der Mutter ist ausgeprägter. Ab dem 2. Monat nimmt die Bereitschaft zur Entwicklung von Bindungen zu, was mit dem Wachstum des neurologischen Apparats zusammenhängt, und ab dem 4. Monat zeigt das Kind eindeutiges Bindungsverhalten. Es befindet sich nun in einem Zustand großer Empfänglichkeit für die Entwicklung von Bindungen.

In der dritten Phase (6. Monat bis 2./3. Lebensjahr) hält das Kind dann die Nähe zu einer unterschiedenen Figur durch Fortbewegung und Signale aufrecht. Es zeigt eine deutliche Bindung an die Mutterfigur und die freundlichen, unterschiedslosen Reaktionen auf andere Personen nehmen ab. Gegenüber Fremden äußert das Kind Vorsicht und Rückzugsreaktionen, was in differenzierenden Verhaltensweisen (s. S. 275ff) deutlich wird. So hört das Kind nur beim Gehaltenwerden durch die Mutter auf zu schreien; nicht jedoch, wenn eine andere Person es hält.

In der letzten Phase der Bindungsentwicklung im zweiten und dritten Lebensjahr bildet das Kind eine „zielkorrigierte Partnerschaft" (Oerter und Montada 1998, S. 240), das heißt, es richtet sein Verhalten nach dem Verhalten der Mutter. Sein Weltbild wird komplexer und das Verhalten flexibler. Außerdem erwirbt es die Sicherheit, dass die Mutter verfügbar ist, so dass etwa ab dem dritten Lebensjahr die Bindungsanforderungen nachlassen.

Bowlby weist darauf hin, dass die Altersangaben hier nur als ungefähre Werte zu betrachten sind: Die soziale Interaktion begünstigt die Entwicklung einer unterscheidenden Bindung, während die Entwicklung ohne soziale Reize bedeutend langsamer verläuft.

Festzuhalten ist trotz dieser Einschränkung, dass sich die Bindungsentwicklung bis zum dritten Lebensjahr vollzieht. Eine Betreuung eines unter dreijährigen Kindes durch eine Person, die nicht Hauptbindungsfigur ist, könnte demnach negative Auswirkungen für das Kind haben, oder eine sichere Bindung zu einer Hauptbindungsfigur könnte sich gar nicht erst entwickeln, weil die ständige Nähe und der Kontakt fehlen.

2.2.2 Qualität der Bindungsbeziehung

Ainsworth hat im „Fremde-Situations-Test" (Grossmann 2003), bei dem durch die phasenweise Trennung von der Mutter sowohl ein Erkundungs- als auch ein Bindungsverhalten bei Kindern zwischen 12 und 24 Monaten provoziert wurde, qualitative Unterschiede in Bindungsbeziehungen festgestellt. Sie beobachtete eine Wechselbeziehung zwischen Bindungs- und Explorationsverhalten.

Diese Wechselwirkung besteht darin, dass die Anwesenheit der Bindungsfigur das Explorations- bzw. Erkundungsverhalten fördert und das Bindungsverhalten (welches die Nähe zur Mutter aufrecht erhält) reduziert, während die Abwesenheit der Bindungsfigur die Exploration mindert und das Bindungsverhalten verstärkt. Das heißt, die anwesende Mutter wird als „sichere Basis" für die visuelle, motorische sowie manuelle Erkundung genutzt, während ihre Abwesenheit als bedrohlich wahrgenommen wird und zu Weinen und Suchen führt. Besteht eine Balance zwischen Bindungs- und Explorationsverhalten, dient dies zum einen der psychischen Sicherheit des Kindes, die in einem Vertrauen zur Mutter besteht. Zum anderen wird das Kind durch diese sichere Bindung dazu befähigt, seine Umwelt sorgenfrei zu erkunden, wobei dieser Wissenserwerb die Voraussetzung für die psychische Anpassung an die Realität darstellt.

Ainsworth unterscheidet verschiedene Bindungsstile hinsichtlich der Qualität der Mutter-Kind-Beziehung. Die Bindungsbeziehung ist danach sicher, wenn das Kind bei der Trennung von der Mutter mit Bindungsverhalten wie Weinen reagiert oder das Explorationsverhalten defensiv nutzt und bei der Wiedervereinigung mit der Mutter Kontakt sucht und sich schnell beruhigen lässt. Kinder, die in der Trennungsphase eine minimale Belastung zeigten oder höchst gestresst und unsicher reagierten, werden dagegen bei Ainsworth als unsicher gebunden eingestuft. Bei der Wiedervereinigung mit der Mutter reagierten diese Kinder deutlich Nähe vermeidend oder mit starkem Bindungsverhalten (s. Grossmann 2003, S.97ff),.

Die Unterschiede der Bindungsbeziehung erklärt Ainsworth unter anderem anhand des mütterlichen Verhaltens (Bowlby 1986, S. 315). So fördere der häufige und andauernde körperliche Kontakt zwischen Mutter und Kind die Bindung, wobei die Feinfühligkeit der Mutter gegenüber den Signalen des Kindes und ihre Fähigkeit, Interventionen auf das Kind abzustimmen, ausschlaggebend seien. Damit ist auch gemeint, dass dem Kind die Freiheit zur Exploration gegeben wird. Darüber hinaus ist eine wichtige Qualitätsbedingung für die Bindungsbeziehung die gegenseitige Freude, welche sowohl Kind als auch Mutter aus der Interaktion gewinnen. Aber auch die Umwelt muss so reguliert sein, dass die Entwicklung eines Beständigkeitsgefühls ermöglicht wird.

Oerter und Montada (1998) vermuten, dass die Qualität der Bindungsbeziehung am Ende des ersten Lebensjahres, wie sie anhand des „Fremde-Situations-Tests" gemessen werden kann, Vorhersagen über zukünftige Bindungsbeziehungen zulässt.

So habe sich erwiesen, dass sicher gebundene Kinder sozial kompetenter sind und weniger Verhaltensprobleme zeigen, da sie ein sogenanntes „working model" (S. 244) mit verlässlichen Vertrauenspersonen entwickeln und ein positives Selbstbild aufbauen können.

Nach Bowlby ist mit der fehlenden Bindung oder bereits mit einer unsicheren Bindung „Deprivation" verbunden: Deprivation besteht nicht nur bei der Trennung des Kindes von der Mutter und der Betreuung im Heim mit unzureichender mütterlicher Zuwendung, sondern auch bei der unzureichenden Zuwendung der Mutter zum Kind verbunden mit einem fehlenden persönlichen Kontakt durch andere Personen oder der wiederholten Trennung von der Mutter (vgl. Bowlby 1995, S. 183ff). Insgesamt besteht bei der Deprivation also die Erfahrung einer warmherzigen, intimen und stetigen Beziehung mit gegenseitiger Befriedigung. Die Folgen von Deprivation können auf die emotionale Entwicklung (Ängste, Negativismus), die soziale Entwicklung (Lügen, Stehlen, Egoismus, Verweigern von gefühlsmäßigen Beziehungen) und intellektuelle Entwicklung (Sprachfehler, fehlendes Abstraktionsvermögen) bezogen und unterschiedlich gravierend sein (s. S. 31ff). Die Entwicklungsstörungen durch Deprivation (vgl. S. 19) sind nach Bowlby zum einen abhängig vom Alter des Kindes beim Verlust der mütterlichen Zuwendung, wobei die Anfälligkeit für die schädigenden Folgen ab einem Alter von etwa drei Jahren abnimmt. Weiterhin ist die Dauer der Deprivation, die Bowlby ab drei Monaten als gefährlich einstuft, entscheidend, sowie ob es sich um eine „partielle Deprivation" (S. 12) handelt, bei welcher der Mutter-Ersatz vertraut ist, oder (bei fehlendem Mutter-Ersatz) um eine „totale Deprivation" (ebd.). Darüber hinaus können Kompetenzen aus abgeschlossenen Entwicklungsphasen und die Qualität der Bindungsbeziehung bis zum Zeitpunkt der Trennung den Folgen entgegenwirken (S. 200).

2.3 Gefährdet die außerfamiliale Betreuung die Bindungsentwicklung?

Die Feststellungen aus der obigen Erörterung zur frühkindlichen Bindung lassen den Schluss, zu dass eine Tagesbetreuung für unter Dreijährige problematisch für die emotionale Entwicklung sein kann.

Um die Frage nach der Gefährdung der Bindungsentwicklung durch eine außerfamiliale Betreuung zufriedenstellend und vollständig zu beantworten, müssen jedoch verschiedene Merkmale heutiger Lebensumstände der Kinder und die momentanen Bemühungen um die Qualität in Tageseinrichtungen berücksichtigt werden. Daher werde ich im Folgenden die Merkmale von Familie und Kindheit in der heutigen Zeit aufzeigen, die Bindungstheorie im Hinblick auf die Tagesbetreuung untersuchen und die aktuelle Situation der Tagesbetreuung hinsichtlich der Qualität betrachten.

2.3.1 Veränderung der Familie und der Kindheit

Die Entwicklung von kulturellen Traditionen hin zur gesellschaftlichen Individualisierung hat zu Veränderungen der Familienformen sowie der Stellung der Frauen und der Kindheit geführt, die ich nach Erath (1992) erläutern werde.

Während die traditionelle Kleinfamilie früher eine selbstverständliche Norm darstellte, kann man seit einigen Jahrzehnten von einer „Pluralität familialer Lebensformen" (S. 79) sprechen. Diese äußert sich in soziographischen Veränderungen wie dem Rückgang der Eheschließungen, einem Geburtenrückgang, dem Anstieg der Haushalte unverheirateter Paare sowie der Zunahme der Scheidungen und der Ein-Eltern-Familien (Lüscher, zit. nach Erath, S. 80). Aufgrund der Balanceakte, welche in heutigen „dynamischen Familienmodellen" (S. 82) von allen Familienmitgliedern gefordert werden, kann die ausschließliche Orientierung „am Wohl des Kleinkindes" (ebd.) nicht mehr bestehen. Vielmehr müssen die Entwicklungen innerhalb des Systems Familie und das Wohlergehen aller Familienmitglieder berücksichtigt werden.

Auch der Mutter kommt damit heutzutage eine neue Rolle zu. Ihre ausschließliche Beanspruchung durch die Kindererziehung „auf Kosten (der) eigenen Bedürfnisse und Erwartungen" (S. 85) ist angesichts der höheren Berufsqualifikation und der Schwierigkeiten beim Wiedereinstieg in den Beruf nicht mehr tragbar (s. S. 83ff).

Im Zusammenhang mit der Diskussion um die frühkindliche Bindung spricht für eine stärkere Berufsorientierung der Frauen, dass es „keine Hinweise dafür gibt, dass mit der Berufstätigkeit der Mütter eine Verminderung der Orientierung an der Familie verbunden ist" (Nauck, zit. nach Erath S. 87).

Außerdem habe sich auch bei Männern der Wunsch nach Beteiligung an der Erziehung verstärkt (s. S. 88). Insgesamt werde die Sorge für Kinder wie auch die für benachteiligte Personen heute eher als „geteilte Verantwortung aller" (ebd.) betrachtet.

Mit der Individualisierung hat sich auch das Kindsein bedeutend verändert. So sind die Sozialisationsbedingungen aufgrund der pluralisierten Lebensformen in jeder Familie verschieden (s. S. 89). Zum einen wachsen Kinder heute zunehmend ohne Geschwister und damit auch weitgehend ohne Spielpartner auf (S. 90), zum anderen findet aber auch eine „Verinselung" der Kindheit durch die Zuweisung spezieller kindgerechter Freizeitaktivitäten statt, welche die Teilhabe der Kinder am „Lebenszusammenhang der Erwachsenen" vermindert (S. 91). Außerdem treffen Kinder häufig auf belastende Situationen, wie eine Scheidung der Eltern oder Arbeitslosigkeit (S. 92). Auch die Erwartungen der Eltern an deren Elternsein als „große Aufgabe" (S. 95) können sich für die Kinder als problematisch erweisen, zum Beispiel dann, wenn sich Eltern den Anforderungen nicht gewachsen fühlen.

Die Umstände, unter denen Kinder heute aufwachsen, sind in der Diskussion um die Tagesbetreuung bei Säuglingen und Kleinkindern so ausgelegt worden, dass die Krippenerziehung „dort gestattet w[ird], wo eine „richtige" Familie nicht mehr vorhanden ist" (S. 151), weil die „Familienbande" gar nicht mehr „zerstört" werden können. Dieses Argument verkürzt die Problematik „Tagesbetreuung und Bindungssicherheit" und ist aufgrund der impliziten Diffamierung beispielsweise der Ein-Eltern-Familien nicht tragbar. Die folgende Relativierung der Bindungs- und Deprivationshypothesen soll eine schlüssigere und adäquate Lösung des Themas liefern.

2.3.2 Relativierung der Bindungs- und Deprivationshypothesen

Übereinstimmend mit Erath (1992), der sich kritisch mit der Bindungstheorie auseinandersetzt, kann man an dieser Stelle festhalten, dass bei der außerfamilialen Tagesbetreuung eine Deprivation nicht vorliegt und somit auch keine derart schädigenden Folgen zu befürchten sind, wie oben erwähnt (S. 54: „(...) muss gefragt werden, ob es überhaupt statthaft, ist, die Tagesbetreuung von Kindern mit der Situation von Kindern in Heimen gleichzusetzen. Der Begriff der Deprivation muss insofern als irreführend gelten, weil er im Allgemeinen als „Entzug" oder „Verlust" übersetzt wird, während man davon ausgehen muss, dass es sich bei der Tagesbetreuung höchstens um einen Mangel oder eine Störung der Betreuung handeln kann").

Des Weiteren muss kritisch angemerkt werden, dass die Forschungen Bowlbys, Ainsworth und anderer Bindungstheoretiker weit zurückliegen und ohne Rücksichtnahme der heutigen Umstände nicht übernommen werden können. So muss die „Allgegenwart der Mutter" (S. 27) sicherlich nicht mehr als entscheidender Faktor für das Gelingen der Entwicklung des Kleinkindes betrachtet werden und auch eine „tiefgreifende Störung der Sozialisation des Kindes und dessen Persönlichkeit" (S. 35) ist wohl ebenfalls auszuschließen, weil die Kinder in Tageseinrichtungen in der Regel auf vertraute Personen treffen. Hierfür können aber auch bei Bowlby Argumente gefunden werden, der – wie bereits erwähnt – auch Nebenfiguren für Bindungsverhalten annimmt.

In diesem Zusammenhang muss jedoch wiederum berücksichtigt werden, dass die sichere Bindung zur Hauptbindungsfigur Voraussetzung für den Beziehungsaufbau zu Nebenfiguren ist. Diesbezüglich wird auch bei Erath kein Beweis für die Ungültigkeit der Theorie von der eindeutigen Orientierung des Kleinkindes an eine Hauptbindungsfigur erbracht. So ist es für ihn lediglich „fraglich (...), ob sich die Haupt-Gefühlsbindung von allen anderen Gefühlsbindung unterscheiden muss" (S. 51). Gleiches gilt für die „prägsame Periode" (S. 28) zwischen dem ersten und dem dritten Lebensjahr, in der sich das Bindungs-verhalten entwickelt. Beide Annahmen sind jedoch deutlich aus dem „Fremde-Situations-Test" von Ainsworth abzuleiten, bei dem die ein- bis zweijährigen Kinder eine deutliche Bindung an die Mutter zeigten.

Anders ist jedoch die Kritik Eraths bezüglich der Quantität der Mutterbetreuung zu bewerten: So hat auch Bowlby festgestellt, dass „eine Mutter zwar körperlich da sein, aber dennoch auf den Wunsch des Kindes nach Bemutterung nicht reagieren (kann)" (Bowlby zit. nach Erath 1992, S. 53). Somit wird die „Allgegenwart der Mutter" (ebd.) nicht unbedingt zum Garant für die „Kontinuität in der Betreuung, die dem Kind das Gefühl der Sicherheit und Geborgenheit vermitteln soll" (ebd.). Damit rückt die Bedeutung der Qualität der Interaktion zwischen dem Kind und der Betreuungsperson in den Vordergrund.

Zuvor ist festgehalten worden, dass die Feinfühligkeit der Mutter gegenüber den Signalen des Kindes als eine Bedingung für die Qualität der Bindungsbeziehung gilt.

Zum einen ergibt sich daraus, dass diese Interaktion durch eine prompte Reaktion der Betreuungsperson in der Tageseinrichtung auf die Bedürfnisse des Kindes durchaus ermöglicht wird.

Zum anderen kann ein qualitativ hochwertiges Interaktionsmuster zwischen der Mutter und dem Kind, welches sich bereits vor dem Eintritt in die Tagesbetreuung entwickelt hat, die Bindungssicherheit des Kleinkindes begünstigen. So muss eine „Trennung nicht notwendigerweise zu einer Entwurzelung von Gefühlsbindungen führen" (S. 55), wenn die Eingewöhnungssituation bewusst gestaltet wird und das Kind eine sichere Bindung an seine Mutter zeigt (s. S. 58). Darüber hinaus ist nach Erath keine Beeinträchtigung der Mutter-Kind-Beziehung durch die Betreuungsperson zu erwarten, weil „das Kind sehr wohl zu differenzieren weiß" (S. 55). Er führt Oerter an, der ebenfalls die Fähigkeit des Kindes vermutet, „beide Systeme zu integrieren" (ebd.). Hier wird aber wieder die Qualität der bisherigen Bindungsbeziehung für die Anpassungsfähigkeit des Kindes und die „unbedenklich(e)" halb- oder ganztägliche Unterbringung angesprochen (ebd.: „(...) sofern es den Rest der Zeit in einer „intakten Familie" verbringt").

Empirische Befunde, die durch die „Fremde Situation" gewonnen wurden, belegen diese Annahmen der Ungefährlichkeit der Tagesbetreuung für die emotionale Entwicklung der unter Dreijährigen. Es ergaben sich zwar anfängliche, jedoch vorübergehende „Schmerzreaktionen" (S. 57), so dass insgesamt keine „negativen Auswirkungen auf die Mutter-Kind-Beziehung" (ebd.) durch die Tagesbetreuung auszumachen war. Hinsichtlich der Altersempfehlung für den Beginn der Tagesbetreuung gab es dagegen unterschiedliche Meinungen, die sich zwischen einem Alter von vier Monaten bis zu einem Jahr bewegen. Hierbei müssen sicherlich auch erworbene Kompetenzen des Kindes aus vorangegangenen Stufen der Bindungsentwicklung berücksichtigt werden, damit eine verbindliche Annahme gemacht werden kann.

Zusammenfassend kann man festhalten, dass sich eine Tagesbetreuung für Kinder in dem hinsichtlich der Bindungsentwicklung kritischen Alter unter drei Jahren nicht nachteilig auswirken muss, da die Kinder sich in der neuen Umgebung durchaus anpassen können. Eine Überforderung und daraus resultierende schädliche Folgen sind aber dann zu befürchten, wenn sie in der Eingewöhnung in die Betreuung und in der späteren Phase der Betreuung nicht durch die Eltern oder einen Elternteil unterstützt werden (vgl. S. 59).

2.3.3 Qualität der Tagesbetreuung bei unter Dreijährigen

Hinsichtlich der sozialen und intellektuellen Entwicklung wurde festgestellt, dass die Tagesbetreuung diese fördert, wenn sie einen hohen pädagogischen Standard aufweist. Auch für die emotionale Entwicklung ist die Frage nach der Qualität der Tageseinrichtung bedeutsam, denn wie eben festgestellt wurde, muss die „herausragende Rolle, die bislang bei der Erziehung des Kleinkindes der Mutter zugewiesen wurde, (...) relativiert werden. Nicht nur die Mutter, auch der Vater, die Geschwister und außerhalb der Familie stehende Erwachsene können dem Kind Nähe und Stabilität vermitteln, und Kinderkrippen müssen nicht zum Schaden, sie können unter bestimmten, (...) Umständen auch von hohem Nutzen für das Kleinkind sein" (Erath 1992, S. 60f).

Doch obwohl auch diese Feststellung bereits über zehn Jahre zurückliegt, stellt Vogelsberger (2002) im Bezug auf die Veränderungen in der Kindertagesbetreuung fest, dass der Bereich der Kinderkrippen „in den vergangenen 30 Jahren nur wenig Innovation erfahren" hat (S. 127). In diesem Zusammenhang sind auch die fehlenden gesetzlichen Grundlagen für die Arbeit in Krippen zu sehen (vgl. Punkt 2.1.2). Zwar sind einige Entwicklungen zu verzeichnen, welche die Gesamtsituation der Kinderkrippen beeinflussten (s. Erath 1992, S. 49: Artikulation der Erwartungen an das Krippenpersonal, Vermehrung an ausgebildeten Erziehern und Rückgang des Pflegepersonals, zunehmende Orientierung an Ansätzen der Kindergartenpädagogik). In Übereinstimmung mit bindungstheoretischen Annahmen soll die Erzieherin des Weiteren heute kein Mutterersatz mehr sein, sondern „zusätzliche Bezugsperson für das Kind" (S. 69).

Doch besonders hinsichtlich der immer noch bestehenden Betrachtung der Krippen als reine Aufbewahrungsstätte für Kleinkinder, deren Eltern wegen ihrer Berufstätigkeit auf eine außerfamiliale Betreuung angewiesen sind, muss die Qualitätsfrage stärker in den Vordergrund gerückt werden. Dies kann zum einen durch die „ständige Bewusstmachung der pädagogischen Aufgabenstellung" (S. 135) geschehen, zum anderen muss aber auch das Selbstverständnis der ErzieherInnen als pädagogische Professionelle statt als Dienstleister gestärkt werden (s. S. 135). Die besonders für die unter Dreijährigen mit Nachteilen verbundene Fluktuation der Betreuer in Tagesbetreuungseinrichtungen könne beispielsweise mit einer höheren Qualifizierungsebene für den Erzieherberuf und den damit verbundenen Aufstiegsmöglichkeiten entgegengewirkt werden (s. S. 137). Erath schlägt neben diesem „Bewusstseinswandel" (1992, S. 63) durch die Aus- und Weiterbildung der ErzieherInnen und die damit verbundene Stabilität der Betreuung weitere Qualitätsmerkmale für die Betreuung der unter Dreijährigen vor: Hygienische Voraussetzungen, Betreuer-Kind-Relation, Größe der Einrichtung, Vielfalt an Anregungen, familiale Situation des Kindes und die Zusammenarbeit zwischen Krippe und Elternhaus (s. S. 49ff). Doch auch die Festlegung dieser Variablen hat bislang nicht zu einer Verbesserung der Kleinkindbetreuung geführt. Das lässt sich anhand der Untersuchung Tietzes (1998) vermuten, der sich zwar auf die „pädagogische Qualität in deutschen Kindergärten", also in erster Linie die Altersgruppe der über Dreijährigen, konzentriert hat und hier einen dringenden Verbesserungsbedarf der Betreuung ausmacht. Wenn man nun berücksichtigt, dass es bisher „nur der Institution Kindergarten gelungen ist, sich gesellschaftlich zu etablieren" (Erath 1992, S. 45), kann man vermuten, dass die Qualität der Betreuung für die unter Dreijährigen noch gravierende Mängel aufweisen muss. Tietze hat die Qualität der deutschen Kindergärten hinsichtlich Struktur (Rahmenbedingungen wie Größe der Einrichtung, Gruppengröße, Öffnungszeiten, Erzieher-Kind-Schlüssel, Alter der Kinder) und Prozess (Pflege, pädagogische Planung, Raumgestaltung, Interaktionsklima) untersucht.

Hinsichtlich der Strukturqualität (Tietze 1998, s. S. 347ff) unterscheidet Tietze drei Typen: Halbtagseinrichtung im Westen Deutschlands, Ganztageseinrichtungen im Westen und Ganztageseinrichtungen im Osten, wobei die beiden Ganztagsformen für die Betreuung von Kindern im Krippenalter am bedeutendsten sind (S. 349: „jüngste Kinderklientel", S. 350: „zu 25% auch Krippen- und/oder Hortkinder betreuen"). Überraschenderweise, wenn man die Überlegenheit der ostdeutschen Tagesbetreuung gegenüber der westdeutschen betrachtet, weisen die Ganztagseinrichtungen Ost die schlechteste Qualität auf. Obwohl beispielsweise die Kinder dort im Vergleich am jüngsten sind, ist der Erzieher-Kind-Schlüssel am ungünstigen: Auf eine Gruppe kommen knapp 1,5 Erzieherinnen. Auch die Ganztagseinrichtungen West weisen eine insgesamt niedrige Strukturqualität auf, die zum Beispiel anhand der vergleichsweise geringen Vorbereitungszeit der ErzieherInnen belegt werden kann.

Hinsichtlich der Prozessqualität (s. S. 350ff) ist festzuhalten, dass eine „gute Qualität von 40% der Halb- und Ganztagsgruppen-West erreicht (wird), aber nur von 2% der Gruppen im Osten" (S. 351), und eine unzureichende Qualität bei jeder siebten Ganztagsgruppe-West zu verzeichnen ist. Die Notwendigkeit einer Verbesserung der Prozessqualität wird hier offensichtlich und Tietze schlägt diese Verbesserung der pädagogischen Prozesse über eine Verbesserung der Strukturbedingungen vor, welche er für „prinzipiell politisch regulierbar und veränderbar" hält (S. 354).

Auch der aktuelle Länderbericht der OECD zu frühkindlichen Betreuungsangeboten für die Null- bis Sechsjährigen weist auf die Mängel der Tagesbetreuung für unter Dreijährige in Deutschland hin (s. Textor 20051, S. 1).

Wenn die Tagesbetreuung bei Kleinkindern die Bindungsentwicklung überhaupt gefährdet, kann dieser also besonders durch eine Verbesserung der Qualität in den Tageseinrichtungen entgegengewirkt werden. Hier setzt das Tagesbetreuungsausbaugesetz ebenfalls an. So umfasst der Förderungsauftrag von Tageseinrichtungen nach § 22 Abs. 3 SGB VIII neben der Erziehung und Bildung des Kindes auch seine Betreuung, und bezieht sich darüber hinaus auch ausdrücklich auf seine emotionale Entwicklung sowie auf die Orientierung am Alter und Entwicklungsstand des einzelnen Kindes (s. BMFSFJ 20041, S. 3). Weiterhin sollen die Träger der öffentlichen Jugendhilfe „die Qualität der Förderung in ihren Einrichtungen durch geeignete Maßnahmen weiter entwickeln. Dazu gehört die Entwicklung und der Einsatz einer pädagogischen Konzeption als Grundlage für die Erfüllung des Förderungsauftrages sowie der Einsatz von Instrumenten und Verfahren zur Evaluation der Arbeit in den Einrichtungen." (ebd.).

Speziell im Bezug auf die Tagesbetreuung für die unter Dreijährigen soll daneben die Rolle der Tagespflegepersonen aufgewertet werden, indem unter anderem der Nachweis ihrer Kenntnisse gefordert wird (ebd.).

Zusammenfassend lässt sich festhalten, dass es Qualitätsmerkmale der Tagesbetreuung gibt, die im Hinblick auf die Bindungsentwicklung für die unter Dreijährigen besonders bedeutsam werden. Zum einen ist das die Zeit, die den Mitarbeitern in der Tageseinrichtung zur Betreuung der Kinder zur Verfügung steht, aber auch die Intensität der Zusammenarbeit mit den Eltern spielt eine wichtige Rolle bei der Eingewöhnung des Kindes in die Betreuungssituation.

3. Resümee

3.1 Zusammenfassung der Ergebnisse

Bei der Untersuchung der Frage, ob die institutionelle Tagesbetreuung die Bindungssicherheit von Kindern unter drei Jahren gefährdet, haben sich zunächst bedeutsame Feststellungen im Hinblick auf die institutionelle Tagesbetreuung an sich ergeben: Die Tagesbetreuung für unter Dreijährige stellte bisher besonders in den Bundesländern Westdeutschlands kein wichtiges Thema dar. So standen 2002 für nur 8,5 % der unter Dreijährigen bundesweit Betreuungsplätze zur Verfügung. Die an diesem Platzdefizit erkennbare mangelnde Auseinandersetzung mit dem Thema Tagesbetreuung für unter Dreijährige kann man wohl mit der – auch heute noch weit verbreiteten –Negativsicht der außerfamilialen Betreuung für Kleinkinder erklären. Diese wird noch immer darin begründet, dass Tageseinrichtungen „in vielen Belangen (...) hinter den Möglichkeiten der Familienerziehung weit zurückbleiben müssen" (Erath 1992, S. 41). Die Bewertung der Krippen als „Notbehelfseinrichtungen, die eine Linderung der (...) Versorgungsnot für junge Kinder bewirken sollten", (Pechstein zit. nach Erath 1992, S. 41) ist nach wie vor in dem neuen Tagesbetreuungsausbaugesetz impliziert, indem der Bedarf an einem Betreuungsplatz nur bei Erwerbstätigkeit der Eltern besteht. Hinsichtlich der Gefahr der Bindungsunfähigkeit durch die Tagesbetreuung ist zwar ein Großteil der deutschen Bevölkerung der Meinung, dass Krippenbetreuung nicht der Entwicklung schadet, aber noch immer äußern 40% Bedenken (s. Textor 20052, S. 1).

Die negative Bewertung der institutionellen Betreuung von Kleinkindern resultiert zum Teil sicherlich aus den Erkenntnissen zur frühkindlichen Bindung, wobei besonders folgende Annahmen des Bindungsforschers Bowlby Risiken bei der institutionellen Betreuung befürchten lassen:

Das Kind entwickelt in den ersten drei Jahren seines Lebens eine spezifische Bindungsbeziehung zu einer Bindungsfigur, welche meistens die natürliche Mutter ist. Diese Bindung stellt eine wichtige Voraussetzung für die psychische Stabilität des Kindes dar. Ab dem dritten Lebensjahr hat sich eine sichere Bindung zur Mutter derart gebildet, dass die Bindungsanforderungen des Kindes nach ständigen Verfügbarkeit der Mutter nachlassen. Die Entwicklung einer sicheren Bindung hängt darüber hinaus mit der Qualität der Mutter-Kind-Interaktion zusammen. Eine sichere Bindung wird danach begünstigt, wenn die Mutter feinfühlig und prompt auf die Signale des Kindes reagiert.

Diese Annahmen lassen die Vermutung zu, dass eine außerfamiliale Tagesbetreuung eine Gefährdung der emotionalen Stabilität von unter Dreijährigen darstellt, weil sie vor Erreichen einer sicheren Bindung von ihrer Bindungsfigur getrennt werden. Das hätte nun zunächst die Ablehnung einer Tagesbetreuung für unter Dreijährige zur Folge.

In der vorausgegangenen Diskussion verschiedener Standpunkte zu der Kontroverse Bindungsentwicklung und Tagesbetreuung hat sich jedoch ergeben, dass sowohl die Veränderung der familialen Lebensformen und die zum Teil damit verbundene Veränderung der Kindheit als auch die gegenwärtigen Bemühungen um Qualität in der Tagesbetreuung ein anderes Licht auf die Problematik werfen und eine alternative Auslegung der bindungstheoretischen Erkenntnisse anregen.

So kann man heute wohl nicht mehr davon ausgehen, dass eine institutionelle Tagesbetreuung bei Kleinkindern nur dann vertretbar ist, wenn die Familie ohnehin keine intensive Bindungsbeziehung ermöglicht. Zwar können die Annahmen Bowlbys zur Mutter-Kind-Bindung sowohl bezüglich der Phasen der Bindungsentwicklung als auch im Bezug auf die Spezifizität der Beziehung sowie auf die Bedingungen für die Qualität der Beziehung nicht widerlegt werden. Doch empirische Befunde zeigen, dass die Tagesbetreuung auch bei unter Dreijährigen keine negative Auswirkungen auf die Mutter-Kind-Beziehung hat. Außerdem kann davon ausgegangen werden, dass Kinder in diesem Alter mehrere Beziehungssysteme vereinbaren können. Zwei weitere Erkenntnisse der Bindungstheorie schränken die These von der Gefährdung durch institutionelle Tagesbetreuung ein: Erstens ist für die Entwicklung einer qualitativ hochwertigen Bindungsbeziehung zwischen Kind und Mutter (bzw. den Eltern) die Zufriedenheit dieser mit ihrer Rolle in der Familie eine bedeutende Bedingung. Wenn zum Beispiel eine Mutter unfreiwillig ihren Beruf zugunsten der Kindererziehung aufgegeben hat, kann sie die „gegenseitige Freude" (vgl. Punkt 2.2.2), welche aus der Bindungsbeziehung zum Kind hervorgeht, sicher nicht ohne Weiteres genießen.

Damit hängt der zweite wichtige Punkt zusammen. Die Tagesbetreuung kann immer nur als Ergänzung zur Familie und den Eltern gesehen werden. So kann man annehmen, dass die Zeit, welche der elterlichen Betreuung bleibt, ausreichen kann, um eine intensive Bindungsbeziehung aufzubauen. Die Bindungssicherheit der Kinder sei vielmehr dann gefährdet, wenn die Sensitivität und Feinfühligkeit der Mutter gegenüber dem Kind mangelhaft ist.

In diesem Zusammenhang wird schließlich die Qualität der Tagesbetreuung bei unter Dreijährigen bedeutsam. Die Qualitätsorientierung des TAG lässt hoffen, dass diese Bedeutsamkeit in Zukunft auch Berücksichtigung findet.

3.2 Konsequenzen für die Kleinkindbetreuung

Die Konsequenzen, welche sich aus der Diskussion um die Tagesbetreuung für unter Dreijährige ergeben haben, finden sich teilweise im Text an den entsprechenden Stellen wieder. Hier folgt eine Zusammenfassung sowie Spezifizierung der Empfehlungen, die sich unter Berücksichtigung der nicht widerlegten Erkenntnisse der Bindungsforschung für die Tagesbetreuung bei unter Dreijährigen ergeben.

Eine Herausforderung ist es, die gesellschaftliche Meinung bezüglich der institutionellen Kleinkindbetreuung zu verbessern. In dieser Hinsicht besteht bereits ein Konsens, der sich in dem Reformvorhaben des Kinderbetreuungssystems seitens der Bundesregierung äußert, das über den quantitativen Ausbau der Betreuungsplätze für die unter Dreijährigen hinausgeht. Eine Qualitätsverbesserung der Tagesbetreuung muss im Bezug auf Strukturen und Prozesse der Einrichtungen stattfinden. Des Weiteren muss das Selbstverständnis der Erzieher gestärkt werden, damit die pädagogischen Ansprüche an die Arbeit mit Kleinkindern auch gesellschaftlich anerkannt werden.

Besonders wichtig ist es, nicht nur die Bildung in den Vordergrund zu stellen, sondern auch die emotionale Entwicklung zu berücksichtigen. Gerade bei den unter Dreijährigen muss die Betreuungsperson konstant sein, damit diese als Bindungsfigur identifiziert werden kann. Des Weiteren wäre eine kleinere Gruppengröße der Kinderkrippen zu begrüßen sowie eine Erhöhung der Erzieherzahl, damit auf die Bedürfnisse der Kleinkinder prompt und feinfühlig reagiert werden kann. Weiterhin ist ein ständiger Austausch der Erzieher mit den Eltern wichtig, damit das Kind in der Phase des Krippenaufenthaltes sowohl von Erziehern als auch von Eltern unterstützt wird.

Doch auch in der familialen Betreuung ist das Auffangen des Kindes und der Aufbau sowie die Aufrechterhaltung einer stabilen Interaktion bedeutsam. Die Eltern müssen sich um den Aufbau einer sicheren Bindungsbeziehung bemühen, indem sie sensibel auf die Bedürfnisse des Kleinkindes reagieren und den Kontakt zum Kind außerhalb der Krippenbetreuung intensiv gestalten. Konkret ist das beispielsweise ein lang anhaltender physiologischer Kontakt, der insbesondere bei Säuglingen wichtig ist.

Abschließend lässt sich sagen, dass die institutionelle Tagesbetreuung bei unter Dreijährigen sowohl für Kinder als auch für ihre Eltern Entwicklungschancen bietet. Dennoch sollte die Entscheidung für eine institutionelle Tagesbetreuung immer reflektiv getroffen werden und die Phase der Betreuung bewusst begleitet sein, da die außerfamiliale Betreuung einen bedeutenden Umbruch im Leben des Säuglings oder Kleinkindes darstellt. Wenn die spezielle Entwicklungsphase, in der sich 0- bis 3-Jährige befinden, jedoch allen Beteiligten – Eltern, Erziehern, den Planern von Betreuungsangeboten – bewusst ist, können Voraussetzungen geschaffen werden, die auch die emotionale Entwicklung des Kindes einbeziehen.

So ist bei der institutionellen Tagesbetreuung die ständige Unterstützung und Aktivität von Erziehern und Eltern gefordert, damit das Kind nicht überfordert wird.

Literaturverzeichnis

Bowlby, John (1986): Bindung. Frankfurt am Main

Bowlby, John (1995): Mutterliebe und kindliche Entwicklung. Basel

Bundesministerium für Familie, Senioren, Frauen und Jugend (Hg.) (20041): Das Tagesbetreuungsausbaugesetz (TAG). Gesetz zum qualitätsorientierten und bedarfsgerechten Ausbau der Tagesbetreuung und zur Weiterentwicklung der Kinder- und Jugendhilfe. Info zum Gesetzesentwurf. Bonn

Bundesministerium für Familie, Senioren, Frauen und Jugend (Hg.) (20042): A bis Z zum Tagesbetreuungsausbaugesetz. Bonn

Bundesministerium für Familie, Senioren, Frauen und Jugend (2000): Kinder und Jugendhilfe. Achtes Buch Sozialgesetzbuch. Bonn

Erath, Peter (1992): Abschied von der Kinderkrippe. Plädoyer für altersgemischte Gruppen in Tageseinrichtungen für Kinder. Freiburg im Breisgau

Grossmann, Klaus E. und Grossmann, Karin (2003): Bindung und menschliche Entwicklung. John Bowlby, Mary Ainsworth und die Grundlagen der Bindungstheorie. Stuttgart

Land Brandenburg: Zweites Gesetz zur Ausführung des Achten Buches des Sozialgesetzbuches – Kinder-und Jugendhilfe – Kindertagesstättengesetz (KitaG) vom 10.6.1992 (GVBl S. 178). Ministerium der Justiz.
http://www.mdje.brandenburg.de/Landesrecht/gesetzblatt/texte/K51/5103-01.htm

Land Bayern: Bayerisches Kindergartengesetz (BayKiG) vom 25. Juli 1972 (GVBl S. 297). Bayerisches Landesjugendamt.
http://www.blja.bayern.de/Textoffice/Gesetze/TextOfficeBayKiG.htm

Münder, Johannes (2004): Kommunale Familienpolitik und Recht, in ISA (Institut für soziale Arbeit e.V.) (Hg.): Lokale Bündnisse für Familie. Münster

Oerter, Rolf und Montada, Leo (1998): Entwicklungspsychologie. Weinheim

Vogelsberger, Manfred (2002): Kindertagesbetreuung. Schöningh. Paderborn

Textor, Martin R. (Hrsg.) (20051): Kindertagesbetreuung.
http:://www.kindertagesbetreuung.de/K530.html

Textor, Martin R. (Hrsg.) (20052): Kindertagesbetreuung. http:://www.kindertagesbetreuung.de/K544.html

Tietze, Wolfgang (Hrsg.) (1998): Wie gut sind unsere Kindergärten? Eine Untersuchung zu pädagogischen Qualität in deutschen Kindergärten. Berlin

Aufwachsen im Kinderheim. Inwiefern der Heimaufenthalt das Bindungsverhalten von Kindern und Jugendlichen beeinflussen kann von Janka Vogel

2010

Für Gabriela

1. Einleitung

"Sie hat uns nie geschlagen, aber sie hat uns auch nie in den Arm genommen", berichtet Felizitas B.[2] Ende der 60er; Anfang der 70er Jahre geht ein Ruck durch Deutschland. In der Presse werden die Zustände in den bundesdeutschen Kinderheimen publik gemacht, die Öffentlichkeit erfährt das, was sie nicht hätte erfahren dürfen. Vielleicht ist dies das Erwachen aus einem Dornröschenschlaf, der viele Kinder und Jugendliche bis dahin ihre seelische, geistige und körperliche Gesundheit gekostet hat.

Vor dem Hintergrund der bekannt gewordenen Lebensbedingungen in Heimen ist die eingangs zitierte Felizitas B. einerseits Ausnahme, andererseits Normalfall: Ausnahme deshalb, weil sie keine Schläge erhielt in einem Milieu, wo körperliche Züchtigung bis hin zu Arrestzellen[3] den Heimalltag prägten. Normalfall deshalb, weil sie aufwuchs ohne körperliche Nähe, ohne liebevolle Zuwendung.

Die Heimerziehung ist zweifellos auch heute noch eines der ambivalentesten Gebiete der Pädagogik. Sie sieht sich – wie viele Erziehungsinstanzen – in der historischen Kluft zwischen Erwartungen an sich selbst und tatsächlichen Interventionsmöglichkeiten andererseits. Wie stellt sich die Lebenswelt Heim dar, welche Risiken und Chancen birgt sie? Neben Innen- und Außensicht sollten wir auch den beiden sich gegenüberstehenden Perspektiven Beachtung schenken: Wie nimmt das Kind/der Jugendliche[4] seine Umwelt wahr? Wie stellt sich für den Untergebrachten das Leben dar? Andererseits: Mit welchen Herausforderungen müssen die Erzieher fertig werden; welche Schwierigkeiten begegnen ihnen auf dem pädagogischen Weg?

Felizitas kann sich nicht daran erinnern, von ihrer Erzieherin auf den Arm genommen worden zu sein. Das während der Heimkampagne als dunkel, kalt und menschenfeindlich bezeichnete Innenleben des Heimes[5] hinterlässt Spuren in den Herzen und Seelen jener, die dort lebten und leben. Es soll deshalb im

---

[2] Felizitas B. hat bis zu ihrem 18. Lebensjahr in einem Heim gelebt. Sie schildert ihre Erlebnisse in: Homes (1984): Heimerziehung, S. 104.
[3] Vgl. Homes (1984): Die Heimkampagne, S. 37.
[4] Im Rahmen dieser Arbeit wird der Einfachheit und Verständlichkeit halber in allgemeinen Fällen (keine konkreten Personen vor Augen) die grammatikalisch männliche Form gewählt, da jene in diesem Fall einen übergeschlechtlichen Genus (Androgynum) darstellt und nicht mit dem biologischen Geschlecht der/des Bezeichneten identisch ist.
[5] Vgl. Homes (1984): Die Heimkampagne, S. 36.

Rahmen dieser Arbeit die Frage gestellt werden, inwieweit sich der Aufenthalt in einer Anstalt auf das Bindungsverhalten des Kindes/Jugendlichen auswirken kann. Wie stehen sich bindungsfördernde und bindungsverhindernde Faktoren gegenüber; welche überwiegen im untersuchten Milieu?

Neben theoretischen Überlegungen zur vorgestellten Problematik sollen aber immer auch praktische Beispiele stehen. Jede pädagogische Theorie ist sinnlos, wenn sie nicht den konkreten Menschen und sein Wohlergehen zum Ziel und Gegenstand behält. Abgerundet wird diese Arbeit deshalb mit den Stimmen jener, die selbst in Heimen oder ähnlichen Institutionen aufwuchsen. Dass die zu behandelnde Problemstellung historische und globale Dimensionen hat, wird ein Vergleich deutscher und rumänischer Heimerziehung andeuten.

2. Lebenswelt Heim

2.1 Zur Geschichte der Heimerziehung

Ein historischer Abriss soll uns als Grundlage für die nachfolgende Debatte um Heimerziehung dienen, denn das zu untersuchende Umfeld hat sich im Laufe der vergangenen Jahrhunderte allmählich entwickelt.

Die im Mittelalter entstandene Fürsorge für Waisen war zunächst angegliedert an die städtischen Hospitäler. Im Zuge spätmittelalterlicher Bettler- und Vagabundenplagen entstanden im 16. Jahrhundert erste frühkapitalistische Zwangsarbeitsanstalten. Clausen sieht das Amsterdamer Zuchthaus von 1595 für straffällige Jugendliche als die "Wiege der eigentlichen Fürsorgeerziehung"[6] an. Die entstandenen Anstalten wurden zur Disziplinierung und Heranzucht einer proletarischen Schicht genutzt; auch die im Pietismus um 1700 gewachsenen Waisenhäuser sieht Clausen unter kapitalismuskritischer Perspektive. Die brutale Ausbeutung und die katastrophalen Lebensbedingungen in den Heimen gerieten im Zuge des sogenannten "Waisenhausstreites" um 1800 erstmals in die Kritik. Wir können jedoch beobachten, dass die damalige Reformbewegung, die sich in der großteils privaten Rettungshausbewegung niederschlug, keine reelle Verbesserung der Lage der Zöglinge bedeutete. Es kehrten Mitte des 19. Jahrhunderts Zucht und Ordnung in die Heimerziehungsideologie zurück.[7] "Zwangsarbeitserziehung – später Fürsorgeerziehung genannt"[8] – diente kapitalistischen Zielen und brachte menschenverachtende Zustände hervor, die erst

---

[6] Clausen (1984): Geschichte der Heimerziehung, S. 16.
[7] Vgl. ebda., S. 18.
[8] Ebda.

durch die gesetzliche Einschränkung der Kinderarbeit und Festlegungen zu Einweisungen in Anstalten im Zuge der Bismarckschen Sozialgesetzgebung Mitte des 19. Jahrhunderts gemildert wurden.

Eine erste Professionalisierung auf dem Gebiet der Fürsorgeerziehung setzte zu Beginn des 20. Jahrhunderts ein: Spezielle Frauenschulen bildeten sogenannte "Fürsorgerinnen" aus.[9] Außerdem ist in der Reformpädagogik, der anthroposophischen Bewegung und weiteren Strömungen die Tendenz zu Reformen in der Heimerziehung zu beobachten, die u.a. Landerziehungsheime zur Folge hatte. Leider blieben dies Inseln in der pädagogischen Landschaft; dominierten doch die "grauenvollen Lebensbedingungen in den vornehmlich kirchlichen Heimen"[10]. Ende der 20er Jahre gelangte die Fürsorgeerziehung wieder in die öffentliche Kritik; Missbrauchsfälle und katastrophale Lebensbedingungen waren u.a. durch P. M. Lampels Theaterstück "Revolte im Erziehungshaus!"[11] bekannt geworden. Jedoch blieben die Verhältnisse in den überwiegend kirchlichen Institutionen fast unverändert auch in der Zeit des Nationalsozialismus und darüber hinaus bestehen. "Der Großteil der Heimerziehung vegetierte unter kargen Bedingungen und ohne Interesse der [...] Öffentlichkeit vor sich hin".[12]

Erst durch den Sputnik-Schock sei man in Westdeutschland auf eine drohende Bildungskatastrophe aufmerksam geworden; Clausen sieht hier das Potential für eine fruchtbare Kritik an der Heimerziehung.[13] Die bereits angesprochene Heimkampagne der 60er/70er Jahre brachte diese dringend notwendige Kritik an; jedoch stellt auch Homes fest, dass sie nicht zu einer wirklichen Änderung der Verhältnisse in den Heimen beitragen konnte.[14]

Was die institutionalisierte Erziehung in der DDR betrifft, so nennt Kupffer die DDR ein "gigantisches der Erziehung, Kontrolle und Besserung dienendes Heim"[15].

---

[9] Vgl. Clausen (1984): Geschichte der Heimerziehung, S. 21.
[10] Ebda.
[11] Vgl. http://marginalisierte.de/Members/rgr/revolte-im-erziehungshaus-theaterstueck-von-p.m.-lampel vom 17.7.2010
[12] Clausen (1984): Geschichte der Heimerziehung, S. 24.
[13] Vgl. ebda.
[14] Vgl. Homes (1984): Die Heimkampagne, S. 47.
[15] Kupffer (1994): In welcher Gesellschaft wird heute und morgen erzogen?, S. 27.

Die Heimerziehung wurde in beiden deutschen Staaten als eine Art "Ersatz-Erziehung"[16] aufgefasst, als Asyl für ungewollte oder abnormale Kinder/ Jugendliche; sie er reichte bis in die 90er Jahre hinein nicht den Status einer gleichwertigen Erziehungsinstanz neben der Familie, welche als einzig wahres Milieu zum Aufziehen von Kindern verstanden wurde.[17] Einen ersten Vorstoß zur Änderung dieser Sichtweise wagten Kupffer/Martin (1994), indem sie forderten, die Erziehung außerhalb der Familie ebenfalls als normal zu akzeptieren.[18]

2.2 Heimerziehung heute

In aktueller Perspektive gibt es nicht mehr *die* Heimerziehung. Vielmehr hat die bereits von Stahlmann konstatierte Pluralisierung der Gesellschaft[19] auch die Pluralisierung der Jugendfürsorge zur Folge gehabt, wie die Darstellung verschiedenster Betreuungsformen bei Kupffer/Martin zeigt: Tagesheimgruppen stehen neben dem Kindernotdienst, Kinderdörfer und -republiken neben Mädchenhäusern, und Mutter-Kind-Heime gehören genauso wie sozialintegrative Zentren ebenfalls in die Kategorie der Heimerziehungsformen.[20] Stahlmann nimmt die heutige Heimerziehung wahr als in das ganze System der Jugendhilfe eingebettet.[21] Der jahrhundertealte Fürsorgegedanke wird heute durch den Partizipationsgedanken abgelöst[22], was sich meiner Ansicht nach auch in der Vermeidung der Begriffe "Fürsorgeerziehung" oder "Versorgungspädagogik" widerspiegelt.

Im §34 SGB VIII, dem Kinder- und Jugendhilfegesetz, wird Heimerziehung als eine Hilfe zur Erziehung definiert, wobei die Unterbringung am Tag und in der Nacht relevant ist.[23] Die verschiedenen Unterbringungsformen – oben bereits angedeutet – sind strukturell stark verschieden hinsichtlich Belegungszahlen, Betreuerzahlen, Finanzierung, Ausstattung, etc.. Die von Stiftungen, kirchlichen

---

[16] Vgl. ebda., S. 28.
[17] So auch die Meinung von Heimleiter Hrn. Hermann im Interview in: Homes (1984): Heimerziehung, S. 63.
[18] Vgl. Kupffer (1994): In welcher Gesellschaft wird heute und morgen erzogen?, S. 29.
[19] Vgl. Stahlmann (1994): Probleme, Hinweise, Reflexionen, S. 9f.
[20] Vgl. Stahlmann (1994): Betreuungsformen (in) der Heimerziehung, S. 74.
[21] Vgl. ebda., S. 73.
[22] Vgl. http://de.wikipedia.org/wiki/Heimerziehung vom 17.7.2010.
[23] Vgl. http://dejure.org/gesetze/SGB VIII/34.html vom 19.7.2010.

oder freien Trägern getragenen Einrichtungen sind abhängig von der Belegungspolitik der Jugendämter, welche wiederum von der Finanzpolitik der Kommunen abhängig ist.[24]

2.3 Der Weg ins Heim

Wie gelangt ein Kind/Jugendlicher ins Heim? Welche Gründe kann eine Einweisung in eine Anstalt haben?

Waren in der Vergangenheit (bis ca. 1960) schon der Vermerk, "angeborener/ vermuteter Schwachsinn" in der Krankenakte[25] oder eine angebliche "drohende Verwahrlosung" aufgrund unehelichen Geborenwerdens[26] mögliche Gründe für eine Einweisung, so endete der Weg des Kindes ins Heim auch dort – besonders in der Nazi-Zeit. Rassistisch motivierte Euthanasieprogramme, wie sie z.B. im Idsteiner Kalmenhof durchgeführt wurden[27], gehörten in den meisten Heimen jener Zeit zum Standard, weshalb man die Gründe für die Einweisung zumeist darin sehen muss, dass betreffende Kinder/ Jugendlichen nicht in das Bild der damaligen Ideologie passten.

Bis in die 90er Jahre hinein wurden die Gründe vornehmlich beim Kind gesucht; Heime dienten in Ost- wie Westdeutschland als "Besserungsanstalten" für schwer erziehbare oder kriminelle Zöglinge. Auch Schwierigkeiten in der Schule riefen Besorgnisse bei den Eltern hervor und veranlassten sie teilweise zur Einweisung ihres Nachwuchses in Heime.[28] "Das ‚Anderssein' war in der Gesellschaft stets die Quelle aller Heimerziehung."[29] Zu Recht hält Roth allerdings auch die hohe Zahl ungewollter Kinder fest, die im Heim landeten;[30] Unerwünschtsein kann also ebenso als Grund für die Abschiebung gelten.

In neuerer Zeit werden die Gründe für den Weg ins Heim vermehrt im (elterlichen) Umfeld des Betroffenen gesucht. "Allgemein gilt [...] als Grund für die Heimeinweisung die Erziehungssituation innerhalb der Familie".[31] Die gesetzliche Grundlage für eine Heimeinweisung ist im § 1666 BGB zu finden.

---

[24] Vgl. http://de.wikipedia.org/wiki/Heimerziehung vom 17.7.2010.
[25] So geschehen z.B. im Fall von Elfriede Schreyer; siehe auch: Günther-Greene (2010): Die Unwertigen.
[26] Dies war z.B. bei Richard Sucker der Fall; nachzulesen in: Sucker (2008): Der Schrei zum Himmel.
[27] Vgl. Wensierski (2006): Schläge im Namen des Herrn. S. 135ff.
[28] Vgl. Kupffer (1994): In welcher Gesellschaft wird heute und morgen erzogen?, S. 22.
[29] Ebda., S. 32.
[30] Vgl. Roth (1973): Heimkinder. S. 15.
[31] Ebda., S. 14.

Dort wird als maßgebliches Kriterium die Gefährdung des Kindeswohls genannt.[32] So können Inhaftierung, Krankheit oder Tod der Eltern, aber auch Vernachlässigung oder Misshandlung des Kindes zum Einschreiten des Jugendamtes führen. Die Entziehung der elterlichen Sorge ist jene gerichtliche Maßnahme, die die Einweisung ins Heim direkt bewirkt.

Umgekehrt – so führt Kupffer an – sind heute auch Eltern Opfer ihrer Kinder: Keine Regel-Befolgung, hohe Gewaltbereitschaft und andere Faktoren können überforderte Eltern dazu bewegen, das Kind/den Jugendlichen der Jugendfürsorge anzuvertrauen.[33]

Die Ursachen für den Weg ins Heim haben sich im letzten Jahrhundert also verschoben und auch vermischt: Weg von staatspolitischer Ideologie einer "reinen Rasse", in der die Heimeinweisung eine soziale Selektion war und der Absonderung und schlimmstenfalls Tötung der Zöglinge diente, über die im Kinde liegenden Gründe (Verhaltensauffälligkeiten, Lernschwierigkeiten, Behinderungen,...) bis hin zur Einweisung als Schutz des Kindes durch Herausnahme aus katastrophalen Familienverhältnissen oder akuten Gefährdungssituationen. Da die Gründe jedoch nicht genau definiert sind, vermischen sie sich häufig, weshalb die oben angedeutete Entwicklung nicht als festes Schema verstanden werden will.

2.4 Leben im Heim

Unseren bindungstheoretischen Überlegungen soll eine allgemeine Schilderung des Heim-Milieus vorangehen. Was kennzeichnet die Lebenswelt Heim und unter welchen Bedingungen wächst der Zögling dort auf?

Wir wollen uns auf die spezifische Art der geschlossenen Unterbringung konzentrieren. Sie ist die wohl typischste und daher auch am besten für historische (und internationale) Vergleiche geeignete Unterbringungsweise. Sie geht mit Freiheitsentzug einher und ist heute zuweilen auch mit psychiatrischen Angeboten verbunden.[34] Jedoch ist auch die geschlossene Form keine genau definierte, sodass der Begriff ein breites Angebotsspektrum von z.B. teilgeschlossenen bis ganz geschlossenen Heimen meint.

---

[32] Vgl. http://dejure.org/gesetze/BGB/1666.html vom 19.7.2010.
[33] Vgl. Kupffer (1994): In welcher Gesellschaft wird heute und morgen erzogen?, S. 22f.
[34] Vgl. http://de.wikipedia.org/wiki/Heimerziehung vom 17.7.2010.

"Im Heim wird die Dialektik von Selbstentfaltung des Kindes und Schutz durch die Erwachsenen verbindlich organisiert"[35], konstatiert Kupffer. Die verbindliche Organisation des Lebens der Untergebrachten – vom Tagesablauf über die Kleidung bis zu den Essensgewohnheiten – kann als das Merkmal der Heimerziehung betrachtet werden. Die meisten Heime zeichnen sich dadurch aus, dass in ihnen besonderer Wert auf die zu erhaltende Ordnung gelegt wird.[36] Dieses Faktum ist dann zu kritisieren, wenn im Namen der Disziplin der freiheitlichen Entfaltung des Kindes/Jugendlichen keine oder zu geringe Beachtung geschenkt wird. Eines der aktuellsten Zeugnisse über diese akute Gefahr ist Wensierskis "Schläge im Namen des Herrn"[37]. Auch in jüngster Vergangenheit drangen Informationen an die Öffentlichkeit, dass Schläge als körperliche Disziplinierungsmaßnahmen noch immer zum pädagogischen Repertoire in (zumeist kirchlich getragenen) Anstalten gehör(t)en.

Das Leben im Heim bedeutet für die dort Untergebrachten ein Herausgelöstsein aus dem bisherigen familiären Umfeld und Getrenntsein von der Vergangenheit. Wie unter 2.3 bereits angedeutet, gehen der Heimeinweisung heute oftmals traumatische Erlebnisse voraus.[38]

Das Heim ist heute Wirkungsstätte von zunehmend differenzierter ausgebildeten und vernetzter zusammenarbeitenden Pädagogen und Therapeuten, wie u.a. Heilpädagogen, Sozialpädagogen, Sozialarbeitern, Erziehern, Logopäden, Psychotherapeuten.

3. Das Heim-Milieu unter psychologisch-bindungstheoretischen Gesichtspunkten

3.1 Bindungstheoretische Grundlagen

Gegenstand der Bindungstheorie ist der Aufbau sowie die Veränderung von engen Beziehungen im Verlauf des Lebens. Diese von Bowlby und Ainsworth entwickelte psychologische Theorie geht davon aus, dass jedem Menschen das Bedürfnis nach Aufbau von engen und von intensiven Gefühlen begleiteten Beziehungen innewohnt.[39] Die Bindung als zentraler Aspekt der Bindungstheorie wird als enge emotionale Beziehung zwischen Menschen verstanden, wobei in

---

[35] Vgl. Kupffer (1994): In welcher Gesellschaft wird heute und morgen erzogen?, S. 28.
[36] Vgl. Roth (1973): Heimkinder. S. 48f.
[37] Vgl. Wensierski (2006): Schläge im Namen des Herrn.
[38] Weiß plädiert deshalb zu Recht für mehr traumapädagogische Maßnahmen in der Heimerziehung;vgl. Weiß (2009): Philipp sucht sein Ich.
[39] Vgl. Grossmann/ Grossmann (2003): Bindung und menschliche Entwicklung.

unseren Untersuchungen konkreter vom Verhältnis des Kindes zu einer oder mehreren Bezugspersonen zu sprechen sein wird. Im Falle von real existierender oder subjektiv wahrgenommener Gefahr oder Bedrohung wird das Kind auf Grundlage der Bindung dazu veranlasst, Schutz bei seiner Bezugsperson zu suchen. Das Wissen um sein Beschützt-Sein setzt den Zögling wiederum frei für exploratives Handeln. Das von den jeweiligen Bindungserfahrungen geprägte Verhalten wird als Bindungsverhalten bezeichnet.

Im Rahmen der Bindungstheorie werden vier Arten von Bindungstypen unterschieden: die sichere Bindung (B-Typ), die unsicher-vermeidende Bindung (A-Typ), die unsicher-ambivalente Bindung (C-Typ) und die erst später festgestellte Art der desorientierten Bindung (D-Typ). Diese verschiedenen Beziehungs-Formen sind klassifizierbar in sichere (B-Typ) und unsichere Bindungen (A-, C- und D-Typ). All diese Arten von Bindungen sind im Rahmen der Bindungstheorie grundsätzlich zu unterscheiden von der pathologischen Form, der Bindungsstörung.[40]

In der Forschung zur Bindungstheorie wird die These aufgestellt, dass positive Affekte, Impulskontrolle und Intelligenz mit einer sicheren bzw. gelungenen Bindung in Zusammenhang stehen. Dies zeigen auch die Ergebnisse von Untersuchungen mit misshandelten/vernachlässigten Kindern, deren Bindungen zumeist als unsicher bzw. gestört zu bewerten sind.

Über die Kindheit hinaus ist ein gesundes Bindungsverhalten auch für das Erwachsenenalter bedeutsam. Einerseits richteten sich die Untersuchungen auf die Bindungsqualität von Kindern bindungsgestörter Eltern, wobei festgestellt wurde, dass eine neuerliche Bindungsstörung wahrscheinlich ist. Andererseits können kindheitsbedingte Bindungsstörungen auch im Erwachsenenalter psychopathologische Phänomene hervorrufen, wie z.B. Depressionen, psychosomatische Beschwerden oder Borderline-Persönlichkeitsstörungen.[41]

So kommt also dem Aufbau von qualitativ wertvollen Bindungen im Kindheitsalter in mehrfacher Hinsicht eine besondere Rolle zu. Die bestmöglichen Rahmenbedingung für den Aufbau und das Vertiefen tragender Beziehungen zu schaffen ist meiner Ansicht nach eine der zentralsten Aufgaben der institutionalisierten Jugendhilfe.

---

[40] Vgl. http://de.wikipedia.org/wiki/Bindungstheorie vom 20.7.2010.
[41] Vgl. http://de.wikipedia.org/wiki/Bindungstheorie vom 20.7.2010.

3.2 Heimaufenthalt und Bindungsbedürfnis

Die bindungstheoretisch relevanteste Schwierigkeit des Heim-Milieus schildert ein während der Heimkampagne interviewter Heimleiter, Herr Hermann, indem er zugibt: "Daß[42] natürlich auch innerhalb der Heimerziehung eine ganze Reihe von Dingen nicht funktioniert, ist unbestritten, wobei es weniger am System der Heimerziehung liegt, sondern an der Zahl der Menschen, mit denen der einzelne Jugendliche zu tun hat. Das Hauptproblem dürfte wohl die relativ hohe Personalfluktuation in den Heimen gewesen sein, die es verhinder[t], daß der einzelne [Jugendliche, J.V.) starke und zuverlässige Bindungen aufbauen konnte".[43] Kinder und Jugendliche wachsen im Heim unter der Obhut pädagogischen Personals auf. Dieses hat dort seinen Arbeitsplatz, verdient mit der Betreuung der Zöglinge seinen Unterhalt und man muss die Frage stellen, inwieweit unter solchen Voraussetzungen echte und liebevolle Beziehungen wachsen können. Es ist also auch eine ständige Angst und Unsicherheit, die das Dasein der heute zumeist aus traumatischen Lebenszusammenhängen Herausgelösten und nun im Heim Lebenden[44] bestimmt; Angst vor Ablehnung, Angst vor Verlust, Angst vor Verletztwerden. Umso wichtiger ist es deshalb, pädagogisches Personal dahingehend zu sensibilisieren, dass dem Bedürfnis des Kindes/Jugendlichen nach zuverlässigen Beziehungen bestmöglich entsprochen wird.

3.3 Bindungsstörung vs. gelingende Bindung

Wie kann also die Lebenswelt Heim zur Schaffung sicherer Bindungsmuster beitragen? Welche Rolle spielt die Korrektur angeeigneten, aber gestörten Bindungsverhaltens?

Die Untersuchungen von Weiß[45] und Schmid[46] weisen ausdrücklich auf die erhöhte Zahl traumatisierter Kinder hin, welche im Heim landen. Unverkennbar ist für sie der Zusammenhang zwischen Trauma und Bindungsstörung. "Traumatische Trennungen wirken vor allem auf das Bindungsverhalten"[47], erläutert Weiß und meint damit die dem Heimaufenthalt vorausgegangenen Trennungen innerhalb der Familie (Scheidung, Krankheit, Tod u.a.), aber auch die mit der

---

[42] In Zitaten wird die dort verwandte Rechtschreibung beibehalten, auch wenn sie nicht mehr gültig ist.
[43] Heimleiter Hr. Hermann im Interview in: Homes (1984): Heimerziehung, S. 63.
[44] Vgl. Weiß (2009): Philipp sucht sein Ich.
[45] Vgl. ebda.
[46] Vgl. Schmid (2007): Psychische Gesundheit von Heimkindern.
[47] Weiß (2009): Philipp sucht sein Ich, S. 34.

Aufnahme ins Heim verbundene Trennung vom Elternhaus. Schmid kam im Rahmen seiner Studie zu der Annahme, dass für spätere Bindungs-störungen insbesondere das spezifische Trauma früh beginnender körperlicher Misshandlung und familiärer Gewalt verantwortlich sei.[48]

So ist die dringendste und vielleicht wichtigste Aufgabe der Heimerziehung in heutiger Zeit die Bewältigung verschiedenster Traumata auf inhaltlicher und institutioneller Ebene. Diese Forderung wirkt sich zunächst auf die Aus- und Fortbildung des pädagogischen Personals aus, ist somit auch ein Appell an die Bildungs- und Sozialpolitik unseres Staates. Wir sollten aus den alarmierenden Zuständen in deutschen Kinderheimen Mitte bis Ende des 20. Jahrhunderts gelernt haben, wo meist zu wenig Personal angestellt war und hinzukommend kaum ausreichend pädagogisch qualifizierte Mitarbeiter zur Verfügung standen.[49]

Die Qualifizierung der Pädagogen spielt eine Schlüsselrolle. Hierbei muss auf die zu bewerkstelligende Traumabearbeitung besonders eingegangen werden. Fachwissen ist vonnöten; Fachwissen z.B. darüber, welches Heilungspotential schon im Zulassen der Vergangenheit und im Sich-dem-Trauma-Stellen liegt. Weiß betont auch, dass die Erzieher Interesse an der Lebensgeschichte des Kindes zeigen müssen, denn erst dann ist die Basis für einen Dialog geschaffen. Dieses Interesse stellt sich auch dem Schrecken und dem Unangenehmen; Erzieher dürften das Furchtbare nicht an die Therapie delegieren (sonst würden sie es pathologisieren und das Kind zusätzlich in seinem verunsicherten Gefühl des Anders-, bzw. Schuldigseins bestätigen), sondern müssten sich dem Furchtbaren stellen.[50]

Auch Wolf warnt in diesem Zusammenhang vor den "Abschiebeprozessen" in Heimen, die dem Bedürfnis nach tragfähigen Beziehungen nicht Rechnung tragen, sondern zu Geburtshelfern von Bindungsstörungen werden können. Als Gründe dieser pathologisierenden Aussonderung nennt er neben Personalmangel und Überlastung auch "Zweifel an der eigenen Kompetenz"[51]. Diese dem Erziehungspersonal zu nehmen, indem es durch Fachwissen mehr Kompetenz und Sicherheit erlangt, ist Aufgabe der Qualifizierungs-Institutionen, wie etwa Hochschulen, Berufsschulen und weiterbildenden Kursen.

---

[48] Vgl. Schmid (2007): Psychische Gesundheit von Heimkindern.
[49] Vgl. Roth (1973): Heimkinder. S. 77.
[50] Vgl. Weiß (2009): Philipp sucht sein Ich, S. 86.
[51] Wolf (1993): Zum Verhältnis von Jugendhilfe und Jugendpsychiatrie, S. 233.

Ein wichtiges Kriterium zur Stärkung unsicherer oder gestörter Bindungen ist die Person des Erziehers an sich. Sie muss sich des kindlichen/jugendlichen Bedürfnisses nach lang dauernden Bindungen bewusst sein und dementsprechend handeln. Die beste Voraussetzung für gelingende Revision falscher Bindungsmuster ist die Beziehung zu einem Erzieher, die den Status einer exklusiven Beziehung hat. Weiß spricht in diesem Zusammenhang vom Konzept des Bezugsbetreuers.[52] Auch kann eine gewisse protektive Bedeutung einer solchen Beziehung nicht von der Hand gewiesen werden, d.h. durch Sicherheit vermittelnde Beziehungen wird der Zögling weniger anfällig für neue Traumata.[53] Jedoch ist sich die Autorin der Spannung zwischen der Forderung nach exklusiven Beziehungen einerseits und den institutionellen Erfordernissen andererseits bewusst.[54] Meiner Ansicht nach muss das Konzept des Bezugsbetreuers – wenngleich es das einzig Richtige scheint – schon daran scheitern, dass die finanzielle Situation der Kommunen die wahrscheinlich notwendige Erhöhung des Personalschlüssels nicht zulässt.

Zur inhaltlichen Aufgabe des Heimerziehers in der Arbeit mit dem Kind gehört neben dem Dialog über die traumatischen Erfahrungen auch die bewusste Reflexion seiner bisherigen Bindungserfahrungen. Welche Trennungen hat es in seinem Leben durchgemacht? Was sind seine primären Bezugspersonen (gewesen)? Gefühle wie Trauer, Wut oder Verletztsein müssen meiner Ansicht nach Raum bekommen und ernst genommen werden. Erst über die Reflexion der Vergangenheit wird dem Kind auch eine Perspektive für seine Zukunft im Heim und darüber hinaus eröffnet, wie auch Weiß unterstreicht.[55]

Die institutionalisierte Jugendhilfe steht insgesamt in der Spannung, einerseits Bindungsstörungen bearbeiten zu wollen, andererseits aber vielleicht auch mitverantwortlich zu sein für das Entstehen neuer bzw. das Vertiefen alter.

4. Erfahrungen von Heimkindern

Jedes Kind/jeder Jugendliche erlebt den Aufenthalt in einem Heim auf andere Weise, was am jeweiligen gesellschaftspolitischen Umfeld liegt, in dem Heimerziehung geschieht, aber auch daran, dass jede Institution der Jugendhilfe spezifische Bedingungen mitbringt. Von den unterschiedlichen Trägern solcher

---

[52] Vgl. Weiß (2009): Philipp sucht sein Ich, S. 103.
[53] Vgl. ebda., S. 39.
[54] Vgl. ebda., S. 104.
[55] Vgl. ebda., S. 85f.

Einrichtungen, über ganz unterschiedliche Standorte von Heimen oder verschiedene inhaltliche Schwerpunkte bis hin zu den Belegungszahlen und jedem einzelnen Mitarbeiter (seiner Person, seiner Motivation, seiner Haltung gegenüber dem Zögling) ist jedes Heim letztendlich ein einzigartiges Setting in der Landschaft institutionalisierter Erziehung.

Aus diesem Grund sollen zwei Porträts diese Untersuchung abschließen. Sie handeln von Menschen, die im Heim aufgewachsen und sozialisiert sind, und machen aufmerksam auf die Spezifik jeden Heimes und auch auf die historische und globale Dimension des Themas Heimerziehung.

4.1 "Hölle von Staat und Kirche" – Aufgewachsen im Nachkriegsdeutschland[56]

Richard Sucker hat ein Buch geschrieben, seine Autobiographie. Eine Therapeutin hatte ihm dazu geraten, nachdem er sie mehrmals wegen seiner Alpträume aufgesucht hatte. Herr Sucker ist ein älterer Herr Mitte 70. Schneeweiße Haare bedecken seinen Kopf, und sein faltiges Gesicht strahlt Lebhaftigkeit aus.

Richard Sucker fordert Gerechtigkeit, Wiedergutmachung von Staat und Kirche. Er wurde 1934 geboren, unehelich. Seinen Vater kennt er nicht und an seine Mutter kann er sich nicht mehr erinnern. Wurde man zu jener Zeit unehelich geboren, galt man als von Verwahrlosung bedroht. Herr Sucker weiß nur, dass sie ihn wegholten von seiner Mutter; er sah sie danach nie wieder. Ihm rinnt eine Träne die Wange herunter, so tief sitzt der Schmerz über diese Verlusterfahrung.

Er kam ins Heim, wo er während des Krieges und auch danach lebte. In seiner Autobiographie ist von ständigem Bombenalarm zu lesen, aber auch vom Ochsenziemer und von Schlägen. Ab dem Alter von sechs Jahren[57] musste er arbeiten: Socken stopfen, Feldarbeit, den Trümmerfrauen helfen. Herr Sucker erinnert sich daran, wegen Unterernährung behandelt worden zu sein, er beschreibt seine Schlupflöcher, die er sich als Kind suchte, und er schreibt über seine verlorene Kindheit. Es ging im Heim nicht darum, den Kindern ein besseres Leben zu bescheren, als sie es bisher gehabt hatten – es ging darum, sie bestmöglich in den Dienst des Staates zu stellen, von ihnen so viel Nutzen wie

---

[56] Der folgende Bericht entstand auf Basis des Buches: Sucker (2008): Der Schrei zum Himmel. Außerdem fließt in die Schilderung der Person Suckers eine persönliche Begegnung mit ihm ein, die anlässlich der Filmvorführung "Die Unwertigen" (vgl. Günther-Greene, Renate (2010): Die Unwertigen. Film. URL: http://www.die-unwertigen.de/ vom 19.7.2010) am 25.5.2010 in Marburg stattfand.

[57] Vgl. Sucker (2008): Der Schrei zum Himmel, S. 9.

möglich herauszuschlagen. Die "Pädagogik" des Heimes beschränkte sich darauf, die Kinder in das vorhandene System hineinzupressen und – wie auch Roth feststellt – ihnen "beizubringen, wie sie sich ‚benehmen' müssen"[58]. Sucker beschreibt Sadisten und Kinderschänder, wenn er vom Heimpersonal spricht. Er hat viele Heime kennengelernt, lebte bei Bauernfamilien, wo er Zwangsarbeit verrichten musste. Von einer Bezugsperson spricht er sehr selten. Vielleicht konnte er in den ersten Lebensmonaten eine enge Bindung zu seiner Mutter aufbauen, was seine starke Sehnsucht nach ihr vermuten lässt. Vielleicht war auch Lehrer Nickel eine solche Bindungsperson. "Ich mochte ihn sehr"[59], schreibt Sucker über ihn. Jedoch überwog die Einsamkeit, das Auf-sich-gestellt-Sein. Er weinte sich in den Schlaf, was seine verzweifelte Situation der Entwurzelung dramatisch versinnbildlicht.

Richard Sucker hatte mehrere Nah-Tod-Erfahrungen[60], der Tod war in seinem Denken häufig gegenwärtig. Seine suizidalen Gedanken kamen bei der Feldarbeit oder beim Spielen in der Scheune. Meist stellte er sich den Tod als Erlösung vor. Er schwankte jedoch zwischen Todessehnsucht und Lebenswillen, denn an den Schaltstellen seines Lebens – so erhält man den Eindruck – war der Wille zum (Über-)Leben stärker. Er schreibt immer wieder von seinem Schutzengel, von Visionen und einer Stimme, die ihm Mut machte[61]. Richard Sucker ist kein religiöser Mensch; an den Gott der Christen kann er nicht glauben, weil jene ihm zu viel Leid antaten. Und dennoch macht er transzendentale Erfahrungen. Heute fühlt er sich dem Buddhismus verbunden; dort finde er Liebe und Frieden, sagt er.

Herr Sucker ist von den Erlebnissen seiner Kindheit tief traumatisiert, wovon schon die Tatsache seiner Alpträume zeugt. Er empfindet auch sein Leben in Freiheit nach der Entlassung aus dem Heim als "verpfuscht". Er wechselte oft den Beruf, arbeitete sich mühsam und doch sehr ehrgeizig nach oben und machte eine kleine Karriere im Bereich Maschinenbau. Zwei Ehen scheiterten; heute lebt Herr Sucker allein.

Richard Sucker hat sein Leben lang gekämpft; auch heute noch – nach über 50 Jahren – kämpft er. Er kämpft mit der Vergangenheit, will sie überwinden, seine Alpträume loswerden. Und er kämpft mit dem Staat; er fordert Wiedergut-

---

[58] Roth (1973): Heimkinder. S. 47.
[59] Sucker (2008): Der Schrei zum Himmel, S. 67.
[60] Vgl. ebda., S. 81.
[61] Vgl. ebda., S. 51.

machungszahlungen für die jahrelang geleistete Zwangsarbeit. Am Runden Tisch in Berlin forderte er sein Recht ein und im November, so berichtet er, sei eine Entscheidung in der Sache zu erwarten.[62] Der Staat lässt sich auch diesmal Zeit; so wie er sich Zeit ließ, die Schuld des an Sucker verübten Verbrechens anzuerkennen.

4.2 "Ich hasse meine Mutter" – Aufgewachsen in einem Kinderheim Rumäniens[63]

Constantin[64] ist ein ruhiger und unauffälliger junger Mann. Seine scheuen, dunklen Augen sind voller Tiefe und auch voller Schmerz. Er lebt im siebenbürgischen Szekelykeresztur, einer ungarisch-sprachigen Stadt in Zentral-Rumänien.

Als seine Mutter mit ihm schwanger wurde, war sie ziemlich jung. Sie brachte ihn 1988 im städtischen Spital von Braşov zur Welt. Zu dieser Zeit war das Land noch in der Hand des Diktators Nicolae Ceauşescu, der bis zum Jahre 2000 die Bevölkerungszahl des Landes auf 30 Mio. erhöhen wollte und deshalb Verhütung und Abtreibung unter Strafe gestellt hatte[65]. Es ist davon auszugehen, dass Constantin kein gewolltes Kind war, was auch seine heutige starke Ablehnung gegenüber seiner Mutter mit erklären könnte. Als er ein Jahr alt war, bekam seine Mutter ein weiteres Kind, Tiberius[66]. Die nächsten beiden Jahre lebten die beiden Brüder zu Hause bei der Mutter, wurden jedoch oft zur Großmutter, zur Mutter des Vaters, gegeben. Es ist anzunehmen, dass Constantin mit seiner Mutter keine sichere Bindung entwickeln konnte.

3-jährig wurde Constantin mit seinem 2-jährigen Bruder ins Heim gegeben – wie zu diesem Zeitpunkt Hunderttausende[67]. Die Mutter konnte aufgrund der katastrophalen Versorgungslage im Land nicht für ihre Kinder sorgen; in seiner schmerzvollen Erinnerung gleicht es einer Abschiebung. Die beiden Brüder kamen nach Cristuru Secuiesc in das zweitgrößte Kinderheim des Landes. Die ungarische Kleinstadt, der im Zuge der Romanisierung Ceauşescus ein rumä-

---

[62] Anm., aufgr. späterer Veröffentlichung: Der Abschlussbericht des Runden Tisches wurde am 13.12.2010 veröffentlicht und kann unter http://www.rundertisch-heimerziehung.de/ heruntergeladen werden.
[63] Der folgende Bericht entstand auf Basis eines Gesprächs, was die Autorin im April 2009 mit dem Betreffenden geführt hat.
[64] Name aus Datenschutzgründen geändert.
[65] Vgl. Barth, Ariane (1990): Nacht der Zivilisation, S. 195.
[66] Name ebenfalls geändert.
[67] Nur 4% waren Waisen, 76% (!) waren von den Eltern aus sozioökonomischen Gründen weggegeben worden; vgl. Hoksbergen und die Mitarbeiter des Rumänien Projektes (2003): Die Folgen von Vernachlässigung, S. 26f.

nischer Name gegeben worden war, beherbergte in ihrem Kinderheim ca. 600 Kinder/Jugendliche. Auch wenn zu diesem Zeitpunkt der Kommunismus in Rumänien vorüber war, so waren doch die alten Verhältnisse noch bis Ende der 90er Jahre bestehend. Das wirkte sich auch auf die Bedingungen im Heim aus, von denen Constantin aber wenig berichtet. In seiner Erinnerung sieht er sich am Eingang des Heimes sitzen, wartend auf die Mutter. Anfangs kam sie oft. Jeder Abschied bedeutete für die ihn unbeschreiblichen Schmerz; er und sein Bruder weinten jedes Mal. In der Übergangszeit kamen die Kinder übers Wochenende manchmal nach Hause, wo sie auch die Großmutter antrafen, die sich die meiste Zeit um sie gekümmert hatte. Constantin liebte sie und sie liebte die beiden Jungen. Vermutlich ist sie seine engste Bezugsperson gewesen. Als sie endgültig ins Heim kamen, weinte die Oma sehr, berichtet Constantin heute. Später kam die Mutter seltener ins Heim, um ihre Kinder zu besuchen. Constantin wartete immerzu, dass sie käme. Er zog sich zurück, spielte nicht mit den anderen Kindern, war lieber allein.

Irgendwann kam seine Mutter nur noch einmal pro Halbjahr. Constantin kann sich daran erinnern, dass regelmäßig Leute aus dem Westen, etwa aus Frankreich und Amerika, ins Heim kamen und Kinder mitnahmen. Nach dem Fall des Eisernen Vorhangs waren in der westlichen Welt die katastrophalen Zustände in rumänischen Kinderheimen bekannt geworden[68], woraufhin eine Welle von Auslandsadoptionen gestartet hatte.[69] Wenn ein Kind in einem halben Jahr nicht wenigstens einmal von einem Elternteil besucht wurde, dann galt dieses Kind laut einer staatlichen Regelung als Waise. Fortan lebte der Junge also in der Angst, im Falle, die Mutter käme nicht, vielleicht fortgebracht und von seinem Bruder getrennt zu werden.

Insgesamt bewertet er seine Zeit im Kinderheim als furchtbar.

In der 8. Klasse begannen seine Schwierigkeiten in der Schule. In der pubertären Umbruchphase kam er mit den schulischen Anforderungen nicht mehr zurecht. Constantin schaffte die Abschlussprüfung nicht und suchte sich Arbeit. Bei einem älteren Ehepaar in einem ländlichen Gebiet arbeitete er als Erntehelfer. Nach den Ferien blieb er, besuchte die 9. Klasse der dortigen Schule und schuftete mit auf dem Hof. Auch dort ließ sich seine Mutter manchmal blicken.

---

[68] Sinnbild für die rumänische Kinderverwahrlosung wurde Cighid, bekanntgeworden durch einen Artikel im SPIEGEL: vgl. Barth, Ariane (1990): Nacht der Zivilisation.
[69] Davon gibt auch die Dokumentation Hoksbergens Zeugnis: vgl. Hoksbergen und die Mitarbeiter des Rumänien Projektes (2003): Die Folgen von Vernachlässigung, S. 37f.

Sie besuchte ihn, wenn sie Geld brauchte. Seine Enttäuschung darüber, von seiner eigenen Mutter so missbraucht worden zu sein, ist groß. Sie nahm ein paar hundert Lei seines noch nicht ausgezahlten Lohnes. Ihm blieb am Ende fast gar nichts, was auch daran lag, dass das Bauern-Ehepaar mit ihm keine Vereinbarung über seinen Verdienst getroffen hatte. Schwere Feldarbeit hatte er verrichten müssen, von früh morgens bis spät abends.

Als er für die 10. Klasse nach Szekelykeresztur zurückkam, hatte die landesweite Strukturreform in den Kinderheimen – Grund war der Wunsch Rumäniens, Mitglied der EU zu werden – auch zur Änderung der Lage in der Kleinstadt geführt. Er wohnte seitdem zusammen mit seinem Bruder Tiberius in einer der vielen staatlich organisierten Wohngruppen. Im Herbst 2008 zog er in eine Wohngruppe um, in der vier Kleinkinder und vier fast Erwachsene unter der Obhut einer Erzieherin in einer Blockwohnung zusammenlebten.

Constantin hasst seine Mutter; er möchte sie nie wieder sehen. Inzwischen hat er vier Geschwister; das Jüngste ist noch ein Säugling. Er und Tiberius haben denselben Vater, welchen sie aber nicht kennen. Constantins ethnische Identität ist eine ambivalente: Er wurde als Sohn zweier Rumänen geboren, in den ersten drei Lebensjahren rumänisch sozialisiert (Sprache), wuchs in einem ungarischen Kinderheim auf und lebt heute in einem rumänischen Staat, der seine (ungarischen) Minderheiten noch immer benachteiligt. Constantin fühlt sich als Szekler, wie der Stamm der dort ansässigen Ungarn heißt.

5. Fazit

"Alle Kinder, die in Heimen leben müssen, tun mir leid".[70] Man muss die Frage zulassen, ob Klaus B – wäre er heute im Kinderheim aufgewachsen – zu derselben Aussage in der Lage gewesen wäre. Wir sollten zwar der Versuchung widerstehen, die heutige Heimerziehung völlig aus ihrem historischen Kontext herauszulösen und zu überhöhen; jedoch deutet vieles darauf hin, dass sich die Bedingungen in den landesweiten Heimen verbessert haben. Und dabei ist eine umfassende Verbesserung gemeint: Umfassender und differenzierter ausgebildetes Personal, gesetzliche Regelungen, die die Unterbringung in einer Anstalt als eine der letzten staatlichen Interventionsmöglichkeiten behandeln (und so dem kindlichen/jugendlichen Bindungsbedürfnis auf juris-

---

[70] Klaus B., ein ehemaliges Heimkind, in: Homes (1984): Heimerziehung, S. 100.

tischer Ebene Rechnung zu tragen versuchen) und positiv zu bewertende Vernetzungen zwischen pädagogischen Ausbildungsstätten, kommunalen Trägern und den Jugendhilfeeinrichtungen als solchen.

Nichtsdestotrotz befinden wir uns auf dem Weg. Es muss in zunehmendem Maße die Perspektive und das Wohlergehen des Kindes/Jugendlichen im Fokus stehen. Der soziale Sektor (Krippen, Kindergärten, Einrichtungen der Jugendhilfe) droht jedoch gerade in aktueller Zeit aufgrund von bundesweiten Sparmaßnahmen zu einem Opfer der Wirtschafts- und Finanzkrise zu werden.[71] Wir sollten – trotz aller Verbesserungen in der Heimerziehung – wachsam sein und bleiben. Die Erfahrungen von Heimkindern aus den frühen Jahren der Bundesrepublik, wie sie in dieser Arbeit immer wieder erwähnt wurden, dürfen sich nicht wiederholen!

In Heimen leben heute überwiegend Kinder/Jugendliche, die misshandelt bzw. vernachlässigt wurden. Und ihre Zahl nimmt zu. Dies muss als alarmierendes Signal unserer Gesellschaft wahrgenommen werden. In langfristiger Perspektive muss nach den Ursachen solch katastrophaler Verhältnisse in den Herkunftsfamilien gefragt werden. Es ist auf Dauer wenig sinnvoll, sich um die Symptome und damit gleichzeitig die Opfer jener Verhältnisse zu kümmern, indem man die Kinder in Heime einweist und so vor den familieninternen Konflikten bewahrt. Solch lobenswerte Rettungstaten sind zu befürworten, sollten aber nicht als Dauerlösung missverstanden werden. Erziehungs- und Familienberatung weisen in die richtige Richtung, indem sie an der vermeintlichen Wurzel, den Eltern/der Familie, ansetzen. Diese Stütze darf nicht wanken!

Darüber hinaus sind es aber die gesellschaftlichen Verhältnisse, die die indirekten Ursachen für Kindesmisshandlung und -vernachlässigung darstellen. Eine gesellschaftspolitische Analyse würde den Rahmen dieser Arbeit sprengen, weshalb ich mich auf wenige Stichworte beschränke: Medienberichte über perverse Kindesmisshandlungen häufen sich. Babys in Gefriertruhen, Mülltonnen, verhungerte und sexuell missbrauchte Kinder. Durch zuweilen pietätlose

---

[71] Vgl. u.a.
http://www.sozial.de/index.php?id=43&tx_ttnews[tt_news]=22639&cHash=6d8c0f26e6;_ylc
=X3oDMTVraWpoaG0wBF9TAzIwMjMxNTI3MDIEYXBwaWQDcGpGLkY1elYzNEZuR
XNWRU53SXFYWG5raTdkTFRYd0paczg2aUUxWjZYQjRxTENIWDVOb2t0OclRwXzFfV
GIEQVNFdEQxTIpTZTMwLQRjbGllbnQDYm9zcwRzZXJ2aWNIA0jPU1MEc2xrA3RpdG
x1BHNyY3B2aWQcUVWbEYyS01jcnFuUmZjV1ZRS214VnZ3V1pMYjYweEpZUkFBBQ
IZsYg-- vom 23.7.2010.

und ausführlichste Schilderung der Taten besteht meiner Meinung nach auch die Gefahr, Anreiz zu neuen Gewalttaten zu geben. Die Frage lautet: Muss das sein?

Jugendämter: Durch bürokratische Hürden und anonyme Verfahren kann meist erst spät eingegriffen werden; oft sogar zu spät, wie eben kritisierte Presseberichte zuhauf zeigen. Eine erweiterte Handlungskompetenz und Befugnis zum Eingreifen ist von der Politik zu fordern.

Politik: Sie scheint derzeit soziale Benachteiligung von Familien und sozial schwachen Schichten zu fördern (z.b. durch die Einführung von Hartz IV[72]). Armut und ihre Folgen (beengte Wohnverhältnisse, angespannte familiäre Atmosphäre durch gezwungene Einschränkung der Bedürfnisse, Alkoholmissbrauch als Ausweg,...) sind psychosoziale Belastungsfaktoren, die vermehrt die Entwicklung einer psychischen Störung bewirken können, wie auch Schmid zeigt.[73]

Bei allen Ansatzmöglichkeiten und Verbesserungswünschen ist jedoch auf die letztendliche Verantwortung des Einzelnen hinzuweisen: Des einzelnen Menschen, sich durch Selbstbildung kritisch am Werdensprozess unserer Gesellschaft zu beteiligen; des einzelnen Vaters/der einzelnen Mutter, sich der Bedürftigkeit des Kindes bewusst zu sein und entsprechend zu handeln, und des einzelnen Erziehers/der einzelnen Erzieherin, sich trotz des Berufs als Broterwerb ganz auf den anvertrauten jungen Menschen einzulassen. "Wir können das menschliche Problem nicht technisch, sondern nur menschlich lösen".[74]

---

[72] Vgl. u.a. http://www.kinderarmut-durch-hartz4.de/ vom 23.7.2010.
[73] Vgl. Schmid (2007): Psychische Gesundheit von Heimkindern.
[74] Heimleiter Hr. Hermann im Interview in: Homes (1984): Heimerziehung, S. 64.

Literaturverzeichnis

Primärquellen

Clausen, Peter H. (1984): Geschichte der Heimerziehung. In: Homes, Alexander Markus (Hg.) (1984): Heimerziehung. Lebenshilfe oder Beugehaft? Fischer Taschenbuch Verlag GmbH. Frankfurt am Main

Homes, Alexander Markus (Hg.) (1984): Heimerziehung. Lebenshilfe oder Beugehaft? Fischer Taschenbuch Verlag GmbH. Frankfurt am Main

Kupffer, Heinrich (1994): In welcher Gesellschaft wird heute und morgen erzogen? In: Kupffer, Heinrich/ Martin, Klaus-Rainer (Hg.): Einführung in die Theorie und Praxis der Heimerziehung. 5., völlig neu bearbeitete Ausgabe. Quelle und Meyer Verlag. Heidelberg/ Wiesbaden

Roth, Jürgen (1973): Heimkinder. Ein Untersuchungsbericht über Säuglings- und

Kinderheime in der Bundesrepublik. Verlag Kiepenheuer & Witsch. Köln

Sucker, Richard (2008): Der Schrei zum Himmel. Zwangsarbeit in Christlichen und

Staatlichen Kinderheimen. Engelsdorfer Verlag. Leipzig

Weiß, Wilma (2009): Philipp sucht sein Ich. Zum pädagogischen Umgang mit Traumata in den Erziehungshilfen. 5., aktualisierte Auflage. Juventa Verlag. Weinheim/ München

Wolf, Klaus (1993): Zum Verhältnis von Jugendhilfe und Jugendpsychiatrie oder: Warum die Jugendhilfe nicht die Verlängerung der Psychiatrie ins normale Leben sein kann. In: Wolf, Klaus (Hg.) Entwicklungen in der Heimerziehung. VOTUM Verlag GmbH. Münster

Sekundärquellen

Barth, Ariane (1990): Nacht der Zivilisation. SPIEGEL-Redakteurin Ariane Barth über die Kindervernichtung in Rumänien. In: DER SPIEGEL. Hamburg. 13/ 1990. S. 194 - 212. URL: http://wissen.spiegel.de_wissen_image_show.html_did=13499656&aref= image 036_2006_05_15_cq-sp199001301940212 vom 19.7.2010

Bettelheim, Bruno (1978): Der Weg aus dem Labyrinth. Leben lernen als Therapie. Ullstein. Frankfurt am Main/ Berlin/ Wien

GESIS, Datenbank SOFIS. http://193.175.239.23/ows-bin/owa/r.einzeldok?doknr=28660 vom 15.6.2010

GESIS, Datenbank SOFIS. http://193.175.239.23/ows-bin/owa/r.einzeldok?doknr=44765 vom 15.6.2010

GESIS, Datenbank SOFIS. http://193.175.239.23/ows-bin/owa/r.einzeldok?doknr=53234 vom 15.6.2010

GESIS, Datenbank SOFIS. http://193.175.239.23/ows-bin/owa/r.einzeldok?doknr=56469 vom 15.6.2010

Grossmann, Klaus E./ Grossmann, Karin (Hg.) (2003): Bindung und menschliche Entwicklung. John Bowlby, Mary Ainsworth und die Grundlagen der Bindungstheorie. Klett-Cotta. Stuttgart.

Günther-Greene, Renate (2010): Die Unwertigen. Film. URL: http://www.die-unwertigen.de/ vom 19.7.2010

Homes, Alexander M. (1984): Die Heimkampagne. In: Homes, Alexander Markus (Hg.) (1984): Heimerziehung. Lebenshilfe oder Beugehaft? Fischer Taschenbuch Verlag GmbH. Frankfurt am Main

Homes, Alexander M./ Rabatsch, Menfred (1984): Dokumentation. In: Homes, Alexander Markus (Hg.) (1984): Heimerziehung. Lebenshilfe oder Beugehaft? Fischer Taschenbuch Verlag GmbH. Frankfurt am Main

Hoksbergen, Rene und die Mitarbeiter des Rumänien Projektes (2003): Die Folgen von Vernachlässigung. Erfahrungen mit Adoptivkindern aus Rumänien. Schulz-Kirchner Verlag. Idstein. Wittlaerer Reihe. Band 7

http://de.wikipedia.org/wiki/Bindungstheorie vom 20.7.2010

http://de.wikipedia.org/wiki/Heimerziehung vom 17.7.2010

http://de.wikipedia.org/wiki/Peter Martin Lampel vom 17.7.2010

http://dejure.org/gesetze/BGB/1666.html vom 19.7.2010

http://dejure.org/gesetze/SGB_VIII/27.html vom 19.7.2010

http://dejure.org/gesetze/SGB_VIII/34.html vom 19.7.2010

http://heimseite.eu/ vom 19.7.2010

http://www.kinderarmut-durch-hartz4.de/ vom 23.7.2010

http://marginalisierte.de/Members/rgr/revolte-im-erziehungshaus-theaterstueck-von-p.m.- lampel vom 17.7.2010 http://www.sgipt.org/lit/klettCotta/BumE.htm vom 21.7.2010

http://www.sozial.de/index.php?id=43&tx_ttnews[tt_news]=22639&cHash=6d8
c0f26e6;_ylc=X3oDMTVraWpoaG0wBF9TAzIwMjMxNTI3MDIEYXBwaWQ
DcGpGLkY1elYzNEZuRXNWRU53SXFYWG5raTdkTFRYd0paczg2aUUxWj
ZYQjRxTENIWDVOb2t0clRwXzFfVGIEQVNFdEQxTIpTZTMwLQRjbGlln
QDYm9zcwRzZXJ2aWNIA0jPU1MEc2xrA3RpdGx1BHNyY3B2aWQDcUV
WbEYyS01jcnFuUmZjV1ZRS214VnZ3V1pMYjYweEpZUkFBQIZsYg-- vom
23.7.2010

Knaak, L. (1977): Zur Prävention der durch die Versorungspädagogik
verursachten psychischen Anästhesie. In: Sozial- und Präventivmedizin/ Social
amd Preventive Medicine. Birkäuser Basel. 22. Jg. Heft 1-2. S. 62-64 URL:

http://www.springerlink.de/content/j327672211273054/fulltext.pdf vom
7.6.2010

Kuhlmann, Carola (2008): Positive und negative Erinnerungen an die
Heimerziehung. In: "So erzieht man keinen Menschen!" Lebens- und
Berufserinnerungen aus der Heimerziehung der 50er und 60er Jahre. VS Verlag
für Sozialwissenschaften.
URL: http://www.springerlink.de/content/u2568206515600l3/fulltext.pdf vom
7.6.2010

Kupffer, Heinrich (1994): Schlusswort. Das Jahrhundert des Kindes geht zu
Ende. In: Kupffer, Heinrich/ Martin, Klaus-Rainer (Hg.): Einführung in die
Theorie und Praxis der Heimerziehung. 5., völlig neu bearbeitete Ausgabe.
Quelle und Meyer Verlag. Heidelberg/ Wiesbaden

Martin, Klaus-Rainer (1994): Die Situation der Pädagogin und des Pädagogen
im Heim. In: Kupffer, Heinrich/ Martin, Klaus-Rainer (Hg.): Einführung in die
Theorie und Praxis der Heimerziehung. 5., völlig neu bearbeitete Ausgabe.
Quelle und Meyer Verlag. Heidelberg/ Wiesbaden

Mueller, Karl-Heinz (1991): Lebensort Heim. Oder was Heimkinder brauchen.
R. G. Fischer Verlag. Frankfurt am Main

ORF: Wenn Eltern zur Gefahr werden. Film. 4.7.2001. URL:
http://www.youtube.com/watch?v=h0xzVloqIqg&feature=PlayList&p=955DA5
32F5B58F8B&index=0&playnext=1 vom 14.6.2010

Schmid, Marc (2007): Psychische Gesundheit von Heimkindern. Eine Studie zur
Prävalenz psychischer Störungen in der stationären Jugendhilfe. Juventa Verlag.
Weinheim/ München

Seehusen, Elisabeth/ Dibbern, Jochen (1994): Was erwartet die Öffentlichkeit von der Heimerziehung? In: Kupffer, Heinrich/ Martin, Klaus-Rainer (Hg.): Einführung in die Theorie und Praxis der Heimerziehung. 5., völlig neu bearbeitete Ausgabe. Quelle und Meyer Verlag. Heidelberg/ Wiesbaden

Stahlmann, Martin (1994): Betreuungsformen (in) der Heimerziehung. In: Kupffer, Heinrich/ Martin, Klaus-Rainer (Hg.): Einführung in die Theorie und Praxis der Heimerziehung. 5., völlig neu bearbeitete Ausgabe. Quelle und Meyer Verlag. Heidelberg/ Wiesbaden

Stahlmann, Martin (1994): Probleme, Hinweise, Reflexionen. In: Kupffer, Heinrich/ Martin, Klaus-Rainer (Hg.): Einführung in die Theorie und Praxis der Heimerziehung. 5., völlig neu bearbeitete Ausgabe. Quelle und Meyer Verlag. Heidelberg/ Wiesbaden

Wensierski, Peter (2006): Schläge im Namen des Herrn. Die verdrängte Geschichte der

Heimkinder in der Bundesrepublik. Deutsche Verlags-Anstalt. München

Bindungsstörungen bei Kindern (F94.1, F94.2).
Erscheinungsformen, Ursachen, Diagnostik,
Behandlungsmöglichkeiten von Johannes Ilse

2012

1. Einleitung

Diese Arbeit soll einen allgemeinen Überblick über die Bindungsstörungen des Kindesalters nach ICD-10 geben. Wir unterscheiden zwei Varianten der kindlichen Bindungsstörung, F94.1 Reaktive Bindungsstörung des Kindesalters und F94.2 Bindungsstörung des Kindesalters mit Enthemmung. Im weiteren Verlauf werde ich vorstellen, welche Leitsymptome nach ICD-10 für diese beiden Formen festgestellt wurden. Ich werde einen Überblick über die Prävalenz der Störung in Deutschland geben und mögliche Komorbiditäten benennen. Weiterhin stelle ich ein Ursachenmodell vor, das Aufschluss darüber gibt, inwiefern sich eine Bindungsstörung im Kindesalter entwickeln kann. Außerdem gehe ich kurz auf den diagnostischen Prozess und die Behandlungsmöglichkeiten ein.

Die Themen der Bindungsqualität in der Eltern-Kind-Beziehung sowie der Entwicklung bzw. der Auswirkungen der Nichtentwicklung des Urvertrauens innerhalb der ersten zwei Lebensjahre haben in letzter Vergangenheit an Bedeutung gewonnen. Immer wieder wird deutlich, wie maßgeblich das nahe Umfeld des Kindes (d.h. Eltern, Geschwister, Großeltern) für ein adäquates Heranreifen des Kindes sind. Es wird behauptet, dass ein schwach ausgeprägtes bis nicht vorhandenes Urvertrauen Bindungsstörungen hervorrufe und Menschen mit einer derartigen Disposition im Verhalten weder empathisch noch sonst beziehungsfähig seien. Eine sehr starke These, die allerdings empirisch noch sehr dürftig gesichert werden konnte. Gerade deshalb lohnt es sich, der Entstehung von Bindungsstörungen im Kindesalter auf den Grund zu gehen. Hierzu nun ein Rundumblick, mit Querverweisen zur weiteren Beschäftigung mit dem Thema.

2. Definition und Symptomatik nach ICD-10 und Leitlinien KJPP

Die Reaktive Bindungsstörung des Kindesalters (F94.1) sowie die Bindungsstörung des Kindesalters mit Enthemmung (F94.2) befinden sich in einer heterogenen Störungsgruppe der ICD-10. Die Symptome in der Gruppe F94.- beschreiben allesamt Störungen sozialer Funktionen mit Beginn in der Kindheit und Jugend. Während tiefgreifende Entwicklungsstörungen und/oder primär organische Ursachen bei diesem Typ von Störung als Ursache ausgeschlossen werden können, kommen häufig umschriebene Entwicklungsstörungen vor, oft kombinierte Entwicklungsstörungen (vgl. Leitlinien, 2007, 311). Betont wird in den Anmerkungen, dass in „vielen Fällen [...] schwerwiegende Milieuschäden oder Deprivationen eine vermutlich entscheidende Rolle in der Ätiologie spielen" (ICD-10-GM, 2012, 222).

F94.1 Reaktive Bindungsstörung des Kindesalters
- tritt während der ersten fünf Lebensjahre auf
- definiert als anhaltende Auffälligkeiten im Beziehungsmuster des Kindes mit begleitender emotionaler Störung und (heftigem) Reagieren auf Veränderungen in den Milieuverhältnissen
- Leitsymptome:
    - Störungen der sozialen Funktionen: eingeschränkte soziale Interaktion mit Gleichaltrigen (z.B. im Spiel); gegen sich selbst oder andere gerichtete Aggressionen; abnormes Beziehungsmuster zu Betreuungspersonen mit einer Mischung aus Annäherung und Vermeidung und Widerstand gegen Zuspruch
    - Emotionale Auffälligkeiten: Furchtsamkeit; Übervorsichtigkeit; Unglücklichsein; Mangel an emotionaler Ansprechbarkeit (freudlos); Mangel/Verlust an emotionalen Reaktionen (apathisch, „frozen watchfulness")
    - teilweise Wachstumsverzögerungen
- entsteht wahrscheinlich als direkte Folge schwerer elterlicher Vernachlässigung (z.B. Entbehrung der Mutter), Missbrauch oder schwerer Misshandlung
- Störungen der sozialen und emotionalen Reaktionen sollten nicht nur im Umgang mit einer Person beschränkt sein, sondern in verschiedenen sozialen Situationen beobachtet werden können

(vgl. ebd., 223; Leitlinien, 2007, 311f.).

F94.2 Bindungsstörung des Kindesalters mit Enthemmung
- tritt während der ersten fünf Lebensjahre auf
- definiert als spezifisches abnormes soziales Funktionsmuster, das tendenziell auch trotz deutlicher Änderungen in den Milieubedingungen fortbesteht

- Leitsymptome:
  - Störung der sozialen Funktionen: Aufmerksamkeit suchendes, nicht selektives Bindungsverhalten mit wahlloser Freundlichkeit und Distanzlosigkeit; inadäquate Reaktionen auf Beziehungsangebote von fremden Bezugspersonen; kaum modulierte Interaktionen mit Gleichaltrigen (z.b. im Spiel); gleichförmige Interaktionsmuster mit Fremden; gegen sich selbst und andere gerichtete Aggressionen
  - Emotionale Auffälligkeiten: je nach Umständen kommen auch emotionale und Verhaltensstörungen vor (Gefühlsarme Psychopathie; Hospitalismus), sind aber nicht vordergründig.

(vgl. ICD-10-GM, 2012, 223; Leitlinien, 2007, 311f.).

Die Bindungsstörung des Kindesalters mit Enthemmung entwickelt sich in der Regel aus einer reaktiven Bindungsstörung. Daher tritt letztgenannte eher bei jüngeren Kindern auf, während die erste sich im Alter von fünf Jahren entwickelt (vgl. Leitlinien, 2007, 312).

Sehr bedeutsam für die Entstehung von Bindungsstörungen sind auch die Befunde der Deprivationsforschung, zusammengefasst bei Dornes (in: Suess & Pfeifer, 2003, 28f.).

3. Prävalenz und Komorbidität

Es liegen zurzeit keine offiziellen Angaben zur Prävalenz beider Bindungsstörungen in Deutschland vor. Es gibt einige extrapolierte Schätzungen aus bekannten statistischen Werten der Vernachlässigung und Misshandlung. Nach Richters et al., 1994 liegt die Prävalenz bei 1% der Kinder in Deutschland. Allerdings hat die Fallquote von Vernachlässigung und Misshandlung in den vergangenen Jahren noch zugenommen. Ebenfalls muss von einer hohen Dunkelziffer nicht aufgedeckter Fälle ausgegangen werden. Demgegenüber wird die Prävalenz von entstandenen Bindungsstörungen wahrscheinlich auch noch etwas höher ausfallen. Nach Zeanah et al., 2004 beträgt die Prävalenz in Risikogruppen (Kinder aus Institutionen, misshandelte Kinder, Kinder mit Gedeihstörungen) ca. 40%.

Es sind nur wenige Studien vorhanden. Von diesen beziehen sich fast alle auf die Bindungsstörung mit Enthemmung. In einer englischen Studie an rumänischen Adoptivkindern, die vor ihrer Adoption länger als zwei Jahre deprivierenden Verhältnissen ausgesetzt waren, wurden bei 30% der Kinder im Alter von sechs Jahren schwere Bindungsstörungen festgestellt. Lag die Deprivationsdauer unter 6 Monaten, fand man bei 7% der Adoptivkinder im Alter von 6 Jahren Symptome einer Bindungsstörung (vgl. O'Connor & Rutter, 2000).

Die KJP Berlin verzeichnete im Zeitraum 1992 bis 2003 eine Inanspruchnahmepopulation von 3,9% bei einem mittleren Alter von 6,1 Jahren (vgl. Uebel). Insgesamt ergeben sich eher ungünstige Prognosen. Das statistische Bundesamt hat 2011 in seiner Broschüre „Wie leben Kinder in Deutschland" festgestellt, dass unverändert 15% der Kinder in Deutschland von Armut bedroht sind. Im Jahr 2009 begannen 470.000 Kinder und Jugendliche eine erzieherische Hilfe nach SGB VIII aufgrund einer Kindeswohlgefährdung. Häusliche Gewalt und sexueller Missbrauch gegen Kinder und Jugendliche sind immer noch ein großes Problem. Eben diese Faktoren begünstigen in der frühen Kindheit die Entwicklung von Bindungsstörungen. Insbesondere Kinder mit einer Bindungsstörung mit Enthemmung gehören sogleich zu einer Hochrisikogruppe, da diese tendenziell persistiert und insofern die Entwicklung weiterer psychischer Störungen begünstigt (vgl. Rushton et al., 1995; O'Connor, 2003, zit. n. Ziegenhain, 2006). Eine häufige Diagnose im späten Jugendalter bzw. jungem Erwachsenenalter ist dann eine Persönlichkeitsstörung (ebd.).

Mögliche Komorbiditäten bei einer Bindungsstörung sind Störungen des Sozialverhaltens, altersspezifische emotionale Störungen, hyperkinetische Störungen, Angststörungen oder Intelligenzminderungen. Boris et al. (2000) und Richter & Volkmar (1994) berichten über Fälle mit Impulsivität, Depressivität, Angst und hyperkinetischem Verhalten.

4. Ätiologie

Wie bereits angesprochen wurde, scheint es für Bindungsstörungen keine genetische Prädisposition seitens der Eltern zu geben, denn vielmehr ist die Entstehung von Bindungsstörungen auf negative Umwelteinflüsse zurückzuführen. Eine unsichere Bindung zur primären Bezugsperson (z.B. aufgrund eines negierenden Erziehungsstils), eine plötzlich unterbrochene Bindung zur primären Bezugsperson (z.B. durch Tod der Mutter, möglicherweise auch durch ein zu frühes Betreuen durch Fremde, z.B. in der Kinderkrippe), das Aufwachsen in einem Elternhaus, in welchem ein oder gar beide Eltern psychisch erkrankt sind, aber auch Verarmung und Verwahrlosung, sexueller Missbrauch oder körperliche oder seelische Gewalt gegen das Kind stellen Risikofaktoren dar, die die Herausbildung einer Bindungsstörung begünstigen. Dabei ist es nachvollziehbar, dass dieses negative Umfeld einen Nährboden für viele weitere Probleme bietet. In vielen Fällen von bindungsgestörten Kindern ist das Kindeswohl innerhalb der Herkunftsfamilie gefährdet, eine adäquate Persönlichkeitsentwicklung und körperliches Heranreifen sind dann nicht gewährt oder mindestens bedroht. Falls die Milieubedingungen sich nicht verbessern, kann eine Bindungsstörung in der frühen Kindheit den Ausgang für weitere psychiatrische Komorbiditäten bilden.

Die Bindungsstörung erklärt sich ätiologisch betrachtet am besten vom Standpunkt der Bindungstheorie, wie sie von Bowlby, Ainsworth, Main u.a. entwickelt wurde. Es gibt eine Vielzahl empirischer Studien im Bereich Bindungstheorie und Bindungsforschung, sodass der bindungstheoretische Erklärungsansatz als relativ zuverlässiges Konstrukt betrachtet werden kann. Im Folgenden möchte ich darum einige grundlegende Annahmen der Bindungstheorie zusammenfassen, die ich im Zusammenhang mit der Ätiologie von kindlichen Bindungsstörungen für bedeutsam erachte.

Die Entstehung der Bindungstheorie wurde beeinflusst durch Erkenntnisse aus den Fachbereichen Psychoanalyse (S. Freud, A. Freud), Systemtheorie, Entwicklungspsychologie (J. Piaget) und Ethologie (Ch. Darwin, K. Lorenz). Diese verschiedenen Wissenschaftsdisziplinen bündeln sich also mit ihren Erkenntnissen in der Bindungstheorie. Die Bindungstheorie wurde von John Bowlby in der Nachkriegszeit entwickelt. Grundlage waren Beobachtungen in Kinderheimen, welche zu dieser Zeit noch reine Aufbewahrungsanstalten waren. Mit Michael Rutter und René Spitz wies er Folgen von Deprivation wie Hospitalismus und anderen Bewegungsstereotypen nach. Mary Ainsworth unterstützte seinen theoretischen Ansatz durch weitere empirische Forschung seit den 1950er Jahren. Bemerkenswert ist auch, dass beide Forscher und mit ihnen dann auch viele andere Wissenschaftler diese Theorie noch bis in die heutige Zeit fortentwickelten. Ainsworth (†1999) und Bowlby (†1991) haben die Bindungsforschung bis zu ihrem Tod immer wieder maßgeblich beeinflusst.

Das Bedürfnis nach Bindung als biologisches Grundbedürfnis stellt eine wichtige bindungstheoretische Grundannahme dar. Die Bereitschaft zur Bindung an andere Menschen ist ein angeborenes und lebensnotwendiges biologisches Programm, vor allem gesteuert durch das Hormon Oxytocin (vgl. Brisch, 2009, 36).

„Im Detail wissen wir darüber leider noch wenig, aber Schutz und Fürsorge wird Kindern in allen Kulturen gegeben, und kleine Kinder aller Kulturen flüchten bei Angst zu ihrer [primären, J.I.] Bindungsperson" (Grossmann et al., 2004, 30).

„Bindung", so Ainsworth (1973, zit. n. Grossmann, 2004, 29), „[...] ist die besondere Beziehung eines Kindes zu seinen Eltern oder Personen, die es beständig betreuen. Sie ist in den Emotionen verankert und verbindet das Individuum mit anderen, besonderen Personen über Raum und Zeit hinweg".

Bindung hat also mit Schutz und Fürsorge zu tun, aber auch mit Trost. Bowlbys Mitarbeiter Parkes (et al., 1991, zit. n. Brisch, 2009, 34) bezeichnet Bindung als

„emotionales Band, das sich während der Kindheit entwickelt, dessen Einfluss aber nicht auf diese frühe Entwicklungsphase beschränkt ist, sondern sich auch auf alle weiteren Lebensabschnitte erstreckte. Somit stellt Bindung während des ganzen Lebens und bis ins Alter hinein eine emotionale Basis dar".

Diese emotionale Basis muss sich allerdings innerhalb des ersten Lebensjahres entfalten. Bindung lässt sich insofern als biologisches Programm verstehen, welches durch adäquate äußere Reize aktiviert werden muss. Kommt es zu einer Trennung, einer unvertrauten Situation oder einer körperlichen oder emotionalen Überforderung empfindet das Baby oder Kleinstkind eine Belastung oder Verunsicherung. Es reagiert mit einem Anstieg der Herzfrequenz, zeigt ängstliches Verhalten, weint und sucht nach einer Bindungsperson, die sie emotional wieder entlastet, tröstet. Die Herzfrequenz kann wieder sinken, es stellt sich beim Kind ein geborgenes, sicheres Gefühl ein. Darüber hinaus wird ein Interesse geweckt die Umwelt zu erkunden. Die Bindungsperson bzw. primäre Bezugsperson des Kindes fungiert also als Quelle emotionaler Sicherheit und ist eine externe Hilfe zur Regulation (vgl. Ziegenhain, 2006). Dieser Wechsel zwischen Bindung bzw. Sicherheit und Exploration der Umwelt prägt sich im Laufe der Entwicklung aus. Wenn das Kind die konstante Bindungsperson als sichere Basis begriffen hat, ist das Urvertrauen entwickelt. Die Mutter-Kind-Dyade lockert sich z.B. mit Erreichen der Entwicklungsmeilensteine der Theory of Mind, des Ich-Bewusstseins, der Erfahrung von Selbstwirksamkeit. Das Kind wird in einer Atmosphäre der sicheren Bindung resilient. Die Studien an Adoptivkindern zeigten, dass eine längere Phase der

Deprivation im Kleinkindalter durchaus Folgen für das weitere Gedeihen des Kindes haben kann. Es ist möglich, dass das Kind z.B. im Alter von 6 bis 8 Jahren mit Schuleintritt als bindungsgestört diagnostiziert wird, zumindest aber seelische Narben zurückbehalten kann (vgl. Dornes, 2003, 29). Das elterliche Verhalten und das Umweltsetting, in dem das Kind aufwächst, haben daher eine immense Tragweite.

In der Bindungstheorie werden vier Bindungsstile unterschieden: sichere, unsicher-vermeidende, unsicher-ambivalente und hochunsichere (auch „desorganisierte") Bindung. Diese Stile gehen auf Mary Main, einer Schülerin Mary Ainsworths, zurück.

Die sichere Bindung schafft einen optimalen Austausch zwischen Nähe/Bindung und Distanz/Exploration. Der Status der Homöostase der Bindung ist nur in diesem Bindungsstil gegeben. Merkmale sind ein offener Austausch über Gefühle, Kompromissbereitschaft bei Konflikten, Beziehungsbezug und Autonomie, Selbstverantwortung bei Belastung, v.a. andere aktiv um Hilfe zu bitten (vgl. Ziegenhain, 2006). Eine unsicher-vermeidende Bindung ist gekennzeichnet von der Anpassung an äußere Erwartungen und einer emotionalen (Pseudo-) Unabhängigkeit. Die primäre Bezugsperson wird nicht aufgesucht. Der Umgang bei Belastungen ist selbstbezogen. Ein Austausch über negative Gefühle findet nicht statt (vgl. ebd.). Im unsicher-ambivalenten Stil herrschen ein übersteigerter Gefühlsausdruck, wenig Kompromissbereitschaft, emotionale Abhängigkeit und wenig eigenverantwortlicher Umgang bei Belastungen (vgl. ebd.). Diese Stile müssen als Kontinuum verstanden werden. Es gibt fließende Grenzen und mehrere Mischformen. Kinder, die sich innerhalb des Kontinuums einem der drei Stile zuordnen lassen, werden als normal bzw. unbedenklich eingestuft. Bei einer hochunsicheren Bindung fehlen beim Kleinkind entsprechende Anpassungsstrategien für unterschiedliche Situationen.

„[…] Kinder mit diesem Bindungsmuster [hatten] jeweils in der Stresssituation der Trennung und Wiedervereinigung kein adäquates Verhaltensmuster zur Verfügung [75]. Auf diese Weise kommen widersprüchliche Verhaltensweisen wie das Hinlaufen zur Mutter, Stehenbleiben, Umkehren, Einfrieren der Bewegungen, motorische Stereotypien zustande, die auf einen außenstehenden Beobachter wie ein desorganisiertes Verhalten wirken. Diese manchmal nur wenige Sekunden andauernden Verhaltensweisen vermitteln den Eindruck einer gestörten Psychomotorik und erinnern an eine Psychopathologie" (Brisch, 2009, 96f.).

---

[75] Hier wird Bezug genommen auf die von Mary Ainsworth entwickelte „strange situation".

Eine hochunsichere Bindung allein ist allerdings noch kein Indiz für das Vorliegen einer Bindungsstörung; trotzdem wird sie als entwicklungspsychopathologisch bedenklich angesehen. Jedoch bilden die Bindungsstörungen noch einmal extra Beziehungsmuster, die sich nicht ohne Weiteres auf einen der vier genannten Stile übertragen lassen (vgl. Fraiberg, 1982; Liberman & Pawl, 1988, 1990; Zeanah et al., 1993, zit. n. Brisch, 2009, 97). Patricia Crittenden geht nach ihren Forschungsergebnissen von einem fließenden Übergang von noch gesunden Bindungsmustern hin zu Varianten der Bindungsqualität aus, die sich im Bereich der Psychopathologie bewegen (vgl. ebd., 98). Lieberman und Pawl stellten 1995 im „San Fransisco Infant-Parent Program" fest, dass die Bindungsentwicklung durch äußere soziale Einflüsse sowie durch eine schwerwiegende Psychopathologie der Eltern enorm verzerrt und verändert werden kann. Auf die Bindungsentwicklung kann sich eine Vielzahl von Umweltbedingungen negativ auswirken:

„abnorme intrafamiliäre Beziehungen mit Mangel an Wärme in der Eltern-Kinder-Beziehung, Disharmonie in der Familie zwischen Erwachsenen, etwa mit feindseliger Ablehnung gegenüber dem Kind, mit körperlicher Misshandlung und mit sexuellem Missbrauch [...], psychische Störung und abweichendes Verhalten eines Elternteils, inadäquate oder verzerrte intrafamiliäre Kommunikation, abnorme Erziehungsbedingungen (etwa mit elterlicher Überfürsorge oder mit unzureichender elterlicher Aufsicht und Steuerung) sowie eine abnorme unmittelbare Umgebung, Erziehung in einer Institution, Verlust einer liebevollen Bezugsperson, bedrohliche Umstände infolge Fremdunterbringung, negativ veränderte familiäre Beziehungen durch neue Familienmitglieder, Ereignisse, die zur Herabsetzung der Selbstachtung führen, sexueller Missbrauch und unmittelbar beängstigende Erlebnisse, [...] gesellschaftliche Belastungsfaktoren wie Verfolgung und Diskriminierung und Migration und soziale Verpflanzung" (Brisch, 2009, 100f.).

All diese vielfältigen Belastungsfaktoren haben einen mehr oder minder starken Einfluss auf das Bindungsverhalten zwischen dem Kleinkind und der primären Bezugsperson. Sie belasten so erheblich, dass bei andauernder Konfrontation über einen Zeitraum von länger als 6 Monaten eine Bindungsstörung auftreten kann.

Dazu Brisch:

„Treten pathogene Faktoren – wie Deprivation, Misshandlung, schwerwiegende Störungen in der Eltern-Kind-Interaktion – nur vorübergehend oder phasenweise auf, können sie häufig mit desorganisiertem Bindungsverhalten (Lyons-Ruth et al., 2005; Madigan et al., 2006; Slade, 2007; Lyons-Ruth, 2008) assoziiert sein. Sind sie dagegen das vorherrschende frühe Interaktionsmuster und erstrecken sich die pathogenen Bindungserfahrungen über mehrere Jahre, können hieraus Bindungsstörungen resultieren, die selbst nach einem Milieuwechsel, etwa durch Adoption, unter besseren emotionalen familiären Bedingungen weiter bestehen bleiben und eine hohe Belastung für die neue Beziehung zwischen Adoptiveltern und Kind darstellen (Steele et al., 2002)" (Brisch, 2009, 95).

Es wird berichtet, dass die Bindungsstörungen wegen der extremen Verzerrungen im Verhaltensausdruck verborgene Bindungsbedürfnisse der Kinder nicht mehr erkennen lassen. Schlimmstenfalls können sich diese überdauernden psychopathologischen Muster zu einer schweren Persönlichkeitsstörung verfestigen (vgl. Brisch & Hellbrügge, 2003, zit. n. Brisch, 2009, 96).

An dieser Stelle möchte ich das Kapitel beenden und hoffe, den bindungstheoretischen Background zum Verständnis der Entstehung von kindlichen Bindungsstörungen zusammengetragen zu haben. Die Schwierigkeit besteht darin, eine Unmenge empirischer Daten sichten zu müssen und in der Tatsache, dass es keine einheitliche Meinung innerhalb der Bindungsforschung zu dem Thema gibt. Es wird immer noch dringender Forschungsbedarf angemeldet. Das desorganisierte Bindungsmuster kommt in klinischen Studien übermäßig häufig vor. Es tritt wesentlich häufiger bei misshandelten oder missbrauchten Kleinkindern auf. Allerdings muss dieser Umstand auch kritisiert werden (siehe Fazit).

5. Diagnostisches Vorgehen

Die Diagnose einer Bindungsstörung im Kindesalter versteht sich als Differentialdiagnose. Um andere physische oder seelische Pathologien auszuschließen, ist daher eine umfangreiche Untersuchung notwendig. Da Kinder mit einer Bindungsstörung situationsübergreifend erhebliche Veränderungen im Verhalten mit den verschiedensten Bezugspersonen zeigen, müssen diese als stabiles Muster über einen längeren Zeitraum beobachtet werden. Ein Anamnesezeitraum von sechs Monaten ist für die Diagnosestellung empfohlen (vgl. Brisch, 2009, 102).

Brisch erstellt eine Typologie von Bindungsstörungen, die die Bandbreite der Erkrankung an einer Bindungsstörung verdeutlicht: keine Anzeichen von Bindungsverhalten; undifferenziertes Bindungsverhalten (promiskuitiv oder Unfall-Risiko-Typ); übersteigertes Bindungsverhalten (exzessives Klammern);

gehemmtes Bindungsverhalten (übermäßige Anpassung); aggressives Bindungsverhalten; Bindungsverhalten mit Rollenumkehrung (Parentifizierung); Bindungsstörung mit Suchtverhalten; psychosomatische Symptomatik (Wachstumsretardierungen, Ess-, Schrei- und Schlafstörungen) (vgl. Brisch, 2009, 102-111).

Dieser Bandbreite der Ausdifferenzierung der Bindungsstörung wird man sich bei gänzlichem Bezug auf die ICD-10-Klassifikation möglicherweise gar nicht bewusst.

Zur Anamnese empfehlen die Leitlinien der KJPP (2007, 312) zunächst die Exploration der Bezugspersonen sowie Informationen einzuholen aus dem sozialen Nah-Bereich des Kindes (Kindergarten oder Schule, Jugendamt, Kinderarzt). In Abhängigkeit vom Alter soll das betroffene Kind ebenfalls vorgestellt werden. Es muss eine körperliche Untersuchung stattfinden.

Im zweiten Schritt wird die störungsspezifische Entwicklungsgeschichte erhoben. Wie gestaltete sich der allgemeine Entwicklungsverlauf des Kindes? Das Bindungsverhalten des Kindes gegenüber seinen Bezugspersonen muss, auch unter Einbezug extrafamiliärer Quellen, erhoben werden. Wie wurde das Kind seit seiner Geburt betreut? Hierzu sollten unbedingt auch Dritte befragt werden.

Es gilt für die Reaktive Bindungsstörung des Kindesalters nach ICD-10 folgende Erkrankungen auszuschließen: Asperger-Syndrom (F84.5), Bindungsstörung des Kindesalters mit Enthemmung (F94.2), Missbrauch von Personen (T74.-), Normvariation im Muster der selektiven Bindung, psychosoziale Probleme infolge von sexueller oder körperlicher Misshandlung im Kindesalter (Z61.4-Z61.6). Für die Bindungsstörung des Kindesalters mit Enthemmung (F94.2) müssen nach ICD-10 diese Erkrankungen ausgeschlossen werden: Asperger-Syndrom (F84.5), Hyperkinetische Störungen (F90.-), Hospitalismus bei Kindern (F43.2), Reaktive Bindungsstörung des Kindesalters (F94.1).

Das Auftreten folgender psychiatrischer Begleitstörungen ist nach den Leitlinien der KJPP (2007, 312) möglich und kann die Bindungsstörung bei der Diagnostik überdecken: Störungen des Sozialverhaltens, altersspezifische emotionale Störungen, hyperkinetische Störungen, Angststörungen, Intelligenzminderungen. Aus diesem Grund empfiehlt sich eine multiaxiale Diagnostik.

Im weiteren Verlauf des Diagnoseprozesses gilt es, störungsrelevante Rahmenbedingungen zu identifizieren. Auch dieser Abschnitt ist sehr ausführlich und umfangreich. Es gilt, allgemeine oder partielle Entwicklungsverzögerungen und umschriebene Entwicklungsstörungen zu untersuchen, „Pseudodebilität" muss ausgeschlossen und das Intelligenzniveau gemessen werden. Des Weiteren müssen körperliche Erkrankungen, Lebensbedingungen, insbesondere die Sorgerechtssituation, der Wechsel von Bezugspersonen, das Betroffensein von aktiver oder passiver Misshandlung und/oder sexuellem Missbrauch und die Anpassung an aktuelle Entwicklungsaufgaben abgeklärt werden (Leitlinien KJPP, 2007, 312).

Ein entscheidender Teil der Diagnostik des Bindungsverhaltens bildet der Abschnitt Apparative, Labor- und Testdiagnostik. Hier wird zum Beispiel das Trennen und Wiedervereinigen von Kind und Bezugsperson gefilmt und ausgewertet. Hier kann die Feinfühligkeit in der Eltern-Kind-Interaktion festgestellt werden (vgl. Brisch, 2009, 112). Zur Einschätzung der Bindungsqualität von Säuglingen und Kleinstkindern kann das von Ainsworth entworfene Design der „strange situation" (Fremde Situation) eingesetzt werden.

Ein spezifisches Test-Instrument zur Messung von Bindungsstörungen gibt es allerdings nicht. Die Diagnosestellung ist bereits ab einem Alter von 12 Monaten möglich und muss dann im 2. Lebensjahr weiter beobachtet werden (vgl. Brisch, 2009, 113). Das Kind wird beim Spiel beobachtet oder es können in Abhängigkeit vom Alter (z.B. bei Schulkindern) auch projektive Testverfahren eingesetzt werden. Damit sollen wichtige Aussagen über das bereits vorhandene Selbstkonzept des Kindes getroffen werden können. Außerdem werden hier Eltern-, Lehrer- und Selbstkonzeptfragebögen eingesetzt. Gegebenenfalls finden auch EEG-Untersuchungen sowie Laboruntersuchungen (Blutanalyse) statt (falls Wachstumsstörungen abgeklärt werden müssen), eine entwicklungsneurologische Untersuchung kann ratsam sein, Sprech- und Sprachentwicklung müssen untersucht werden. Mögliche Teilleistungsstörungen sollen durch die Untersuchung der schulischen Fertigkeiten identifiziert werden. Fakultativ ist eine weitere Leistungs-/Intelligenzdiagnostik (vgl. ebd.).

Im letzten Abschnitt der Diagnose muss eine mögliche Reaktive Bindungsstörung nochmals eindeutig von einer tiefgreifenden Entwicklungsstörung unterschieden werden können. Dazu gibt es vier Hauptmerkmale, die in den Leitlinien KJPP nachzulesen sind. In der weitergehenden Diagnostik muss außerdem sowohl eine organische bzw. neurologische Primärstörung als auch eine posttraumatische Belastungsstörung ausgeschlossen werden.

Weitere altersspezifische Diagnostiken finden sich bei Brisch (2009, 112ff.).

6. Behandlungsmöglichkeiten

Es gibt nur wenige Informationen über die Art und Wirksamkeit von Behandlungsmöglichkeiten bei Bindungsstörungen. Fest steht, dass man diese Störung nicht medikamentös behandeln kann. Lediglich die die generelle therapeutische Intervention störenden Begleiterkrankungen können ggf. medikamentös behandelt werden.

Einer der zentralen Ansätze ist die „attachment-based psychotherapy" (bindungsbasierte Psychotherapie) nach Bakermans-Kranenburg, van Ijzendoorn & Juffer (2003). Diesem Interventionsansatz liegt ein bindungstheoretisches Konzept zugrunde. Als wirksam evaluiert wurde laut Ziegenhain (2006) eine auf max. fünf begrenzte Zahl von Sitzungen. Die Therapie sollte verhaltensorientiert sein. Es sollte gezielt die elterliche Feinfühligkeit gefördert werden. Eine detaillierte Vorstellung des Ansatzes findet sich bei Brisch (2009, 117ff.). Dies kann auch im Rahmen einer entwicklungspsychologischen Beratung erreicht werden. Ein Konzept dazu findet sich bei Ziegenhain, Fries, Bütow & Derksen (2004) (zit. n. Ziegenhain, 2006). Ziel ist die Vermittlung allgemein entwicklungspsychologischen Wissens zur Sensibilisierung für die individuellen Fähigkeiten des Kindes und der Stärkung des elterlichen Selbstwertgefühls. Das Angebot ist niedrigschwellig, zeitlich begrenzt, flexibel in unterschiedliche Praxisfelder integrierbar und dient der Information und Lösungsfindung (vgl. ebd.). In der Beratung sollen gemeinsame Interaktionen zwischen Eltern und Kind videoaufgezeichnet werden. Es werden Sequenzen gelungener als auch nicht gelungener Interaktion gemeinsam mit den Eltern und in Anwesenheit des Kindes ausgewertet.

Das Hauptziel der Behandlung einer Bindungsstörung definiert die Deutsche Gesellschaft für Kinder- und Jugendmedizin (2007) in der „Herstellung und Sicherung eines entwicklungsfördernden bindungsstabilen Milieus". Dabei stehen der Familie bei Verbleib des Kindes in ihr nach SGB VIII §§27, 35a, 36 intensive sozialpädagogische Betreuung mit Beratung der Familie sowie kinderpsychiatrische Verlaufskontrollen zur Verfügung. Kommt es allerdings zu einer Kindeswohlgefährdung nach §1666 BGB, wird den Eltern das Sorgerecht entzogen und das Kind muss stationär kinderpsychiatrisch behandelt oder in einer sonderpädagogischen Pflegestelle aufgenommen werden. Dabei wird massiv in die Milieubedingungen des Kindes eingegriffen, was sich positiv oder negativ auswirken kann. Wenn eine solche teilstationäre oder stationäre Behandlung in der KJPP organisiert wird, muss deshalb auf ein „milieutherapeutisch orientiertes, konstantes Bezugspersonensystem" geachtet werden (vgl. Uebel). Die Absicherung der Betreuung und Behandlung mit konstanten Bezugspersonen ist in unseren sozialen Einrichtungen allerdings niemals garantiert. Plötzliche Personalwechsel könnten dann etwaige Behandlungserfolge ruinieren.

Sinnvoll ist es, Behandlungen so früh als möglich zu beginnen. Noch sinnvoller sind da Präventionsprogramme. Ein Ansatz wäre die Bemühung um bessere gesellschaftliche Aufklärung, um an die elterliche Verantwortung zu appellieren. Dies könne bereits im Schulunterricht thematisiert werden, aber auch in der Schwangerenberatung und in der Beratung durch Ärzte, so Uebel. Außerdem ist es zweckmäßig, in eine verbesserte Früherkennung zu investieren, d.h. Ärzte für die Symptomatik sensibel zu machen. Auch langfristig abgesicherte Verlaufskontrollen (am besten bei ein und demselben Arzt) nach der Intervention sichern einen nachhaltigen Therapieerfolg. Das ist von enormer Wichtigkeit, weil die Patienten meist langjährig betreut werden müssen.

Eine weitere Möglichkeit besteht im Absolvieren des Präventionsprogramms „Sichere Ausbildung für Eltern" – SAFE®, dessen primäres Ziel eine sichere Bindungsentwicklung zwischen Eltern und Kindern ist (detaillierte Informationen zum Programm siehe Brisch, 2009, 296ff.).

Außerdem gibt es das Präventionsangebot durch B.A.S.E® – Babywatching. Dieses von Henri Parens und Brandon Kramer 1993 entwickelte Programm zielt auf eine bessere Empathiefähigkeit, Feinfühligkeit und die Stärkung selbstreflexiver Kompetenzen ab. „Kinder, die nach frühen Traumatisierungen eine Bindungsstörung entwickelten, haben extreme Schwierigkeiten, sich in die Fühl- und Denkwelt von anderen hineinzuversetzen (Fonagy, 1998; 2003)" (vgl. Brisch, 2009, 307). Zielgruppe des Programms sind Kindergartenkinder im Alter von 3 bis 6 Jahren, die über einen Zeitraum von ca. einem Jahr eine Mutter mit ihrem Säugling beobachten können. Die Mutter kommt regelmäßig in die Gruppe. Für viele Einzelkinder sei dies die erste und oft einzige Möglichkeit, die „Meilensteine der Entwicklung" eines Babys während des gesamten ersten Lebensjahres kontinuierlich zu beobachten. Nach einem Jahr waren die teilnehmenden Kinder weniger aggressiv, zeigten mehr Aufmerksamkeit und weniger oppositionelles Verhalten. Weitere Information gibt Brisch, 2009, 307ff.

Eine systemische Familientherapie ist ein weiterer hilfreicher Therapieansatz. Allerdings muss immer im Einzelfall und aufgrund des Schweregrades der Störung entschieden werden, welche Intervention angemessen ist und Aussicht auf eine Besserung des Bindungsverhaltens zeigt. Außerdem hängt der Therapieerfolg auch von der Compliance des sozialen Umfelds des Kindes ab.

Abschließend zu diesem Kapitel sollten die entbehrlichen Therapiemaßnahmen in den Leitlinien der KJPP beachtet werden. Danach sind alle Maßnahmen, die Bindung durch Zwang herstellen wollen, dringend zu unterlassen. Dies sind insbesondere Festhalte-Therapie, „Rebirthing Therapy" und „Reattachment". Ihnen fehlt die empirische Grundlage, es seien sogar zwei Todesfälle berichtet worden. Sämtliche therapeutische Maßnahmen sollten mit größter Sorgfalt angewendet werden, da bisherige Ergebnisse lediglich auf dem Erfahrungswissen respektierter Experten beruhen (vgl. Leitlinien KJPP, 2007, 315).

7. Fazit

Zusammenfassend kann man es nur begrüßen, wenn die Themen Bindungsqualität und die Gestaltung einer feinfühligen Eltern-Kind-Interaktion in der Öffentlichkeit diskutiert werden. Das würde die Wirkung von Präventivprogrammen unterstreichen. Allerdings müssten besonders auch bildungsbenachteiligte Schichten erreicht werden. Aus diesem Grund kann die weitere Mobilisierung der breiten Öffentlichkeit für dieses Thema nur sinnvoll sein. Meiner Meinung nach sind Präventivprogramme wie B.A.S.E.® und SAFE® sehr gute Instrumente, um Kinder wie Eltern für das Thema Bindungen zu sensibilisieren.

Zum derzeitigen Forschungsstand muss kritisch angemerkt werden, dass man sich in den angesprochenen Studien hauptsächlich mit der klinisch relevanten Hochrisikogruppe der misshandelten, traumatisierten, missbrauchten oder längere Zeit deprivierten Kinder auseinandergesetzt hat, während man Kinder mit anderen als hochunsicheren Bindungen kaum bis gar nicht betrachtet. Auch werden laut Ziegenhain (2006) die Bindungsstörungsdiagnosen nach ICD-10 in der kinder- und jugendpsychiatrischen Praxis fast ausschließlich auf schwer vernachlässigte, früh misshandelte Kinder angewandt. Es fehlt nach wie vor an einer empirischen Datenbasis, gerade in Hinblick auf aussagekräftige Zahlen über die tatsächliche Prävalenz der beiden Störungsbilder. Die derzeitige Klassifikation der F94.1 und F94.2 berücksichtigt zu wenig die große Bandbreite an Ausprägungen einer Bindungsstörung. Anzumerken ist auch, dass die ICD-9 Bindungsstörungen im Kindesalter noch unter die Kategorie „spezifische emotionale Störungen des Kindes- und Jugendalters" (313) subsummierte. In der ICD-10 wird hingegen nur noch von „Störungen der sozialen Funktionen mit

Beginn in der Kindheit und Jugend" gesprochen. Die emotionale Ebene der Erkrankung wird ausgeklammert.

Feststeht, dass weitere Forschung auf diesem Gebiet dringend nötig ist, um Bindungsstörungen zu verhüten. Auch besteht Bedarf darin weitere Interventionsmöglichkeiten zu entwickeln und zu validieren. Eventuell kann in den kommenden Jahren durch den medizinischen Fortschritt auch eine unterstützende Pharmakotherapie geschaffen werden. Es ist fraglich, ob dem vielbeachteten Hormon Oxytocin nicht noch mehr Bedeutung beigemessen werden darf und sich eine künstliche Gabe dieses Hormons positiv auf eine bindungsgestörte Person auswirken kann. Wobei hier auch sofort ethische Bedenken einer solchen Entwicklung angemeldet werden könnten.

In pädagogischen Einrichtungen – gleich, ob Schule, Kindergarten, Kinderheim, Förderzentrum etc. – sollte deutlich mehr Bemühung dahingehend investiert werden, den Kindern konstante Bezugspersonen innerhalb ihres Therapie- bzw. Reifungs- und Entwicklungsprozesses zu bieten.

8. Quellen

Aldenhoff, Josef; Ettrich, Klaus Udo (Hg.) (2004): Bindungsentwicklung und Bindungsstörung. 45 Tabellen. Stuttgart [u.a.]: Thieme.

Brisch, Karl Heinz (2009): Bindungsstörungen. Von der Bindungstheorie zur Therapie. 9. Aufl. Stuttgart: Klett-Cotta.

Dornes, Martin (2003): Die Entstehung seelischer Erkrankungen: Risiko- und Schutzfaktoren. In: Gerhard J. Suess und Walter-Karl P. Pfeifer (Hg.): Frühe Hilfen. Anwendung von Bindungs- und Kleinkindforschung in Erziehung, Beratung, Therapie und Vorbeugung ; eine Veröffentlichung der Bundeskonferenz für Erziehungsberatung e. V. Unter Mitarbeit von Walter-Karl P. Pfeifer. 3. Aufl. Gießen: Psychosozial-Verl, S. 25–64.

Dt. Ges. f. Kinder- und Jugendpsychiatrie und Psychotherapie u.a. (Hg.) (2007): Leitlinien zu Diagnostik und Therapie von psychischen Störungen im Säuglings-, Kindes- und Jugendalter. 3. Aufl. Köln: Deutscher Ärzte-Verlag.

Grossmann, Karin; Grossmann, Klaus E. (2004): Bindungen. Das Gefüge psychischer Sicherheit. 1. Aufl. Stuttgart: Klett-Cotta.

Köhler, Lotte (2003): Anwendung der Bindungstheorie in der psychoanalytischen Praxis. Einschränkende Vorbehalte, Nutzen, Fallbeispiele. In: Gerhard J. Suess und Walter-Karl P. Pfeifer (Hg.): Frühe Hilfen. Anwendung von Bindungs- und Kleinkindforschung in Erziehung, Beratung, Therapie und Vorbeugung ; eine Veröffentlichung der Bundeskonferenz für Erziehungsberatung e. V. Unter Mitarbeit von Walter-Karl P. Pfeifer. 3. Aufl. Gießen: Psychosozial-Verl, S. 107–140.

Lehmkuhl, Ulrike et al (2007): Bindungsstörungen (F94.1, F94.2). In: Dt. Ges. f. Kinder- und Jugendpsychiatrie und Psychotherapie u.a. (Hg.): Leitlinien zu Diagnostik und Therapie von psychischen Störungen im Säuglings-, Kindes- und Jugendalter, AWMF-Leitlinien-Register Nr. 028/024. 3. Aufl. Köln: Deutscher Ärzte-Verlag, S. 311–317. Online verfügbar unter http://www.awmf.org/leitlinien/detail/ll/028-024.html
Zuletzt geprüft am 15.01.2012.

Loh, Siegrun von (2003): Entwicklungsstörungen bei Kindern. Medizinisches Grundwissen für pädagogische und therapeutische Berufe. Stuttgart: Kohlhammer.

McKinsey Crittenden, Patricia; Suess, Gerhard J. (Übers.) (2003): Klinische Anwendung der Bindungstheorie bei Kindern mit Risiko für psychopathologische Auffälligkeiten oder Verhaltensstörungen. In: Gerhard J. Suess und Walter-Karl P. Pfeifer (Hg.): Frühe Hilfen. Anwendung von Bindungs- und Kleinkindforschung in Erziehung, Beratung, Therapie und Vorbeugung ; eine Veröffentlichung der Bundeskonferenz für Erziehungsberatung e. V. Unter Mitarbeit von Walter-Karl P. Pfeifer. 3. Aufl. Gießen: Psychosozial-Verl, S. 86–106.

Posth, Rüdiger (2009): Vom Urvertrauen zum Selbstvertrauen. das Bindungskonzept in der emotionalen und psychosozialen Entwicklung des Kindes. Münster [u.a.]: Waxmann.

Romer, Georg; Riedesser, Peter (2003): Prävention psychischer Störungen im Kindes- und Jugendalter. Perspektiven der Beziehungsberatung. In: Gerhard J. Suess und Walter-Karl P. Pfeifer (Hg.): Frühe Hilfen. Anwendung von Bindungs- und Kleinkindforschung in Erziehung, Beratung, Therapie und Vorbeugung ; eine Veröffentlichung der Bundeskonferenz für Erziehungsberatung e. V. Unter Mitarbeit von Walter-Karl P. Pfeifer. 3. Aufl. Gießen: Psychosozial-Verl, S. 65–85.

Scheuerer-Englisch, Hermann (2003): Bindungsdynamik im Familiensystem und familientherapeutische Praxis. In: Gerhard J. Suess und Walter-Karl P. Pfeifer (Hg.): Frühe Hilfen. Anwendung von Bindungs- und Kleinkindforschung in Erziehung, Beratung, Therapie und Vorbeugung ; eine Veröffentlichung der Bundeskonferenz für Erziehungsberatung e. V. Unter Mitarbeit von Walter-Karl P. Pfeifer. 3. Aufl. Gießen: Psychosozial-Verl, S. 141–164.

Schneider, Silvia; Margraf, Jürgen (Hg.) (2009): Lehrbuch der Verhaltenstherapie. Heidelberg: Springer.

Schweitzer, Jochen; Schlippe, Arist von (2006): Lehrbuch der systemischen Therapie und Beratung II. Das störungsspezifische Wissen ; mit 29 Tabellen. Göttingen: Vandenhoeck & Ruprecht.

Statistisches Bundesamt Deutschland (2011): Wie leben Kinder in Deutschland? Statistisches Bundesamt. Wiesbaden. Online verfügbar unter http://www.destatis.de/jetspeed/portal/cms/Sites/destatis/Internet/DE/Presse/pk/ 2011/Mikro__Kinder/pressebroschuere_kinder.psml, zuletzt geprüft am 18.02.2012.

Suess, Gerhard J.; Pfeifer, Walter-Karl P. (Hg.) (2003): Frühe Hilfen. Anwendung von Bindungs- und Kleinkindforschung in Erziehung, Beratung,

Therapie und Vorbeugung ; eine Veröffentlichung der Bundeskonferenz für Erziehungsberatung e. V. Unter Mitarbeit von Walter-Karl P. Pfeifer. 3. Aufl. Gießen: Psychosozial-Verl.

Uebel, Henrik (o.J.): Bindungsstörungen. Klinik für Kinder- und Jugendpsychiatrie Göttingen. Online verfügbar unter www.user.gwdg.de/~ukyk/PDF/Bindungsstoerung.pdf, Zuletzt geprüft am 18.02.2012.

Viviane Green (Hg.): Emotionale Entwicklung in Psychoanalyse, Bindungstheorie und Neurowissenschaften. Theoretische Konzepte und Behandlungspraxis. Aus dem Englischen von Elisabeth Vorspohl. 1. Aufl. Frankfurt a. M.: Brandes & Apsel.

WHO (2011): ICD-10-GM Version 2012 Systematisches Verzeichnis. Internationale statistische Klassifikation der Krankheiten und verwandter Gesundheitsprobleme 10. Revision – German Modification –. Kapitel V Psychische und Verhaltensstörungen (F00-F99). Hg. v. DIMDI Deutschen Institut für Medizinische Dokumentation und Information. Online verfügbar unter http://www.dimdi.de/static/de/klassi/diagnosen/icd10/htmlamtl2011/index.htm, zuletzt aktualisiert am 23.09.2011, zuletzt geprüft am 15.01.2012.

Ziegenhain, Ute (2006): Bindungsstörungen. Hg. v. Klinik für Kinder- und Jugendpsychiatrie/Psychotherapie Ulm. Online verfügbar unter http://www.uniklinik-ulm.de/fileadmin/Kliniken/Kinder_Jugendpsychiatrie/ Praesentationen/ zie_Bindungsstoerungen.pdf, zuletzt geprüft am 18.02.2012.

Ziegenhain, Ute (2009): Bindungsstörungen. In: Silvia Schneider und Jürgen Margraf (Hg.): Lehrbuch der Verhaltenstherapie. Heidelberg: Springer, S. 313–330.

Bindung und Bindungsstörung. Diagnostische Berührungspunkte zweier distinkter Konzepte von Katja Margelisch

2012

Zusammenfassung

In der vorliegenden Arbeit wurde der Frage nach einer möglichen Verknüpfung der Bindungstheorie und den diagnostischen Kriterien einer Bindungsstörung nachgegangen. Dabei wurde untersucht, ob sich ein distinkter Einfluss der Bindungsqualität auf die Entstehung und Aufrechterhaltung der Subtypen der Bindungsstörung aufzeigen lässt, und inwiefern der Bindungstheorie Grenzen hinsichtlich der Erklärung der Bindungsstörung gesetzt sind.

Die Bindungsstörung („reactive attachment disorder" nach DSM-IV) betrifft eine relativ neue Diagnose mit bisher nur vage formulierten Kriterien. In vielen empirischen Arbeiten wird implizit davon ausgegangen, dass sich die Ätiologie der Bindungsstörung hauptsächlich aus der Bindungstheorie ableiten lässt. Letztendlich bleibt jedoch unklar, wo die Berührungspunkte der beiden Konzepte liegen, wo sie sich ergänzen und wo sie klar abgegrenzt werden müssen. Der bisher publizierten Literatur mangelt es an Kohärenz, da sie aus unterschiedlichen theoretischen und klinischen Lagern stammt.

In der kurzen Literatur-Review wurden theoretische Grundlagen sowie Zusammenhänge und Schnittstellen der Bindungstheorie und der reaktiven Bindungsstörung vorgesellt, sowie Limitationen der Bindungstheorie als Prädiktor der Bindungsstörung aufgezeigt. Dabei konnte eine phänotypische Nähe zwischen desorganisierter Bindung und der reaktiven Bindungsstörung aufgezeigt werden, wobei eine Bindungsstörung auch unabhängig von der Qualität gegenwärtiger selektiver Bindungen auftreten kann. Insgesamt ließ sich feststellen, dass Kinder mit desorganisierter oder fehlender Bindung eine Hochrisikogruppe für die Entwicklung von Bindungsstörungen sowie weiterer psychischer Störungen darstellen. Bindungsmuster scheinen das Risiko der Ausbildung einer Bindungsstörung zu verstärken und die Effekte anderer Risikofaktoren zu moderieren. Es zeigte sich zudem, dass die inkonsistenten Resultate in der Bindungsstörungsforschung hauptsächlich auf die Problematik der vagen Konzeptualisierung des Störungsbildes, die unterschiedlichen Definitionen der Bindungsmuster, das Fehlen validierter Messinstrumente sowie die unterschiedliche Berücksichtigung weiterer Kontextfaktoren zurückzuführen sind.

Einleitung

Die Bindungstheorie hat in der Entwicklungspsychologie, der Pädagogik und der Klinischen Psychologie weitreichende Beachtung gefunden. Eine wichtige Rolle spielt sie hinsichtlich des Bemühens, Ursachen und Gründe von Störungen im Sozialverhalten von Kindern und Jugendlichen zu verstehen und diesen Problemen entgegenzuwirken. Die Rolle der Bindung in der Genese und Behandlung psychischer Störungen im Kindes- und Jugendalter lässt sich wohl kaum unterschätzen. Offiziell steht jedoch nur eine einzige Pathologie im DSM-IV offiziell in Beziehung mit Bindung: die „Reactive Attachment Disorder" bzw. reaktive Bindungsstörung (RAD) (Glowinsky, 2011). Sie betrifft eine relativ neue Diagnose, deren Diagnosekriterien nur sehr vage formuliert und noch nicht gut erforscht sind (Zilberstein, 2006). Der bisher publizierten Literatur mangelt es an Kohärenz, da sie aus verschiedenen theoretischen und klinischen Lagern stammt (Zilberstein, 2006). So wird die Störung einerseits aus dem Blickwinkel der Bindungstheorie nach Bowlby (1979, zit. n. Grossman & Grossmann, 2003) betrachtet, andererseits von Forschern, die die frühe Deprivation bei institutionalisierten Kindern untersuchten oder sich mit den psychischen Folgen von Kindesmissbrauch befassten. All diese Gruppen schlagen unterschiedliche Ätiologien und Behandlungen der Störung vor (Zilberstein, 2006).

Obwohl Bindungsforschung und Konzeptualisierung von Bindungsstörungen einen unterschiedlichen historischen Hintergrund aufweisen, wird in der Forschung meist davon ausgegangen, dass ein direkter Zusammenhang zwischen den beiden Konzepten besteht: Die Postulierung, dass eine fehlerhafte oder nicht vorhandene Bindung die ätiologische Kernkomponente bei der Ausbildung einer RAD darstellt, und dass sich die Hauptdefizite bei einer RAD auf Bindungsfaktoren zentrieren, ist bisher eher theoretischer Natur und wird daher kontrovers diskutiert (Glowinsky, 2011). Es bleibt unklar, wo die Berührungspunkte zwischen Bindung und Bindungsstörung letztendlich bestehen, wo sich die Konzepte ergänzen können und wo sie klar abgegrenzt werden sollten. Daher befasst sich diese Seminararbeit mit der Frage, ob die Bindung als grundlegender ätiologischer Faktor das Auftreten von Bindungsstörungen erklären kann, bzw. wo die Schnittstellen der beiden Konzepte bestehen könnten.

Zur Erörterung dieser Fragestellung sollen zunächst die Grundlagen der Bindungstheorie kurz beschrieben werden, wobei vorrangig auf die Beiträge von John Bowlby und Mary Ainsworth als Begründer der Bindungstheorie und

Bindungsforschung Bezug genommen wird. Von den drei organisierten Bindungsmustern soll die desorganisierte Bindung abgegrenzt werden. Da Bindung bei Vorschul- und Grundschulkindern nicht nur auf der Verhaltensebene, sondern auch in Bezug auf mentale Repräsentationen erfasst wird, soll auch kurz auf den Begriff der „inneren Arbeitsmodelle der Bindung" eingegangen werden. Anschließend sollen die verschiedenen Arten von Bindungsstörungen beschrieben und von den unsicheren und desorganisierten Bindungsmustern abgrenzt werden. Dabei soll genauer untersucht werden, wo sich Zusammenhänge und Unterschiede zwischen Bindung und Bindungsstörungen aufzeigen lassen und welche zusätzlichen ätiologischen Faktoren zur Ausbildung von Bindungsstörungen beitragen könnten. Aus der kritischen Diskussion der Ergebnisse sollen letztendlich einige Implikationen für die weiterführende Forschung und Praxis abgeleitet werden können.

1. Bindungstheorie: Kategorien von Bindungsmustern

Unter „Bindung" wird die frühkindliche Disposition verstanden, körperliche Nähe zu Bezugspersonen zu suchen, um in potenziellen Stresssituationen Unterstützung, Pflege, Trost und Schutz zu erhalten (von Klitzing, 2009). Bindung bezieht sich somit auf die emotionale Qualität der Beziehung zwischen dem Kind und seinen Bezugspersonen (Gloger-Tippelt, König, Zweyer, & Lahl, 2007). Eine wesentliche Grundlage für die Bindungsqualität stellt die Feinfühligkeit der Pflegeperson dar (Brisch, 2009). Darunter werden charakteristische empathische Verhaltensweisen der Bezugsperson verstanden, wie beispielsweise die korrekte Wahrnehmung und Deutung kindlicher Signale sowie das angemessene und prompte Reagieren auf diese Signale (Brisch, 2009). Kinder entwickeln verschiedene beziehungsspezifische Bindungsmuster, welche sich zwischen verschiedenen Bezugspersonen unterscheiden können (von Klitzing, 2009). In der Regel ist das Bindungsverhalten auf eine Person oder einige wenige Personen ausgerichtet, wobei zwischen diesen Personen eine klar definierte Rangfolge besteht (Grossmann & Grossmann, 2003).

Die angeborene Disposition von Säuglingen und Kleinkindern, sich an eine emotional verfügbare und nahestehende Person zu binden, ist sehr stark ausgeprägt (Ziegenhain & Fegert, 2012). Daher müsste ein extrem entwicklungsunangemessener, dysfunktionaler Beziehungskontext vorliegen, damit es dem Säugling nicht gelingt, sich zu binden (Zeneah & Smyke, 2009). Ein solcher Beziehungskontext könnte bei vernachlässigendem oder misshandelndem Elternverhalten, bei häufigem Pflegewechsel oder bei fehlendem Beziehungs-angebot durch exklusive Betreuungspersonen in Heimen vorliegen (Ziegenhain & Fegert, 2012).

1.1 Organisierte Hauptbindungskategorien

Im ersten Lebensjahr erwerben die meisten Kleinkinder eine organisierte Strategie, um mit Anspannung und Stress aufgrund von Separation, fremden Umwelten, Krankheit oder anderen bedrohlichen Lebensereignissen umzugehen (Bakermans-Kranenburg, van Ijzendoorn, & Juffer, 2005). Insbesondere in Situationen von Verunsicherung und Belastung suchen Kleinkinder die Nähe einer Bindungsperson (Ziegenhain & Fegert, 2012). Die innere Erregung, die sich beispielsweise im Anstieg der Herzfrequenz und des Cortisolspiegels zeigt, klingt erst mit dem Kontakt mit der Bindungsperson wieder ab. Somit gilt die Bindungsperson als externe Regulationshilfe (Ziegenhain & Fegert, 2012).

Mary Ainsworth entwickelte zur Untersuchung, wie die Bindung an die Mutter das Verhalten in einer unbekannten Situation beeinflusst, die Methode der „Strange Situation" (Ainsworth & Witting, 1969, zit. n. Grossmann & Grossmann, 2003). Dabei handelt es sich um eine standardisierte Laborsituation mit 12-18 Monate alten Kindern, welche aus insgesamt acht Episoden besteht (Tabelle 1) und die Gelegenheit bietet, exploratives Verhalten und Bindungs-muster der Kleinkinder zu beobachten (Grossmann & Grossmann, 2003). Obwohl die Strange Situation nicht als Diagnostik-Instrument gilt, wird die Laboruntersuchung auch heute noch zur Ergründung der Bindungsmuster bei Kleinkindern und jungen Kindern angewandt (Boris et al., 2004). Sie ist bisher nur für den Altersbereich von elf bis höchstens zwanzig Monaten validiert worden (Grossmann & Grossmann, 2008).

In der „Strange Situation" wurden drei organisierte Bindungsmuster iden-tifiziert, deren Kategorisierung auch noch in der heutigen Forschung von Bedeutung ist (Hardy, 2007): Gemäß ihrer Verhaltensweisen in einer „Strange Situation" können die meisten Kinder als sicher, unsicher-vermeidend oder unsicher-ambivalent kategorisiert wurden. Diese organisierten Bindungsstile gelten als normale Entwicklungsvarianten und betreffen interindividuelle Unterschiede im Verhalten gegenüber Bindungspersonen nach kurzer Trennung (Ziegenhain, 2009). Sie lassen sich als unterschiedliche Anpassungsstrategien im Umgang mit Belastung und emotionaler Verunsicherung interpretieren (Ziegenhain, 2009).

Tabelle 1. Kurzbeschreibung der „Strange Situation"(nach Grossmann & Grossmann, 2003).

Episode	Vorgehen
1	Mutter bringt Kind in den Beobachtungsraum und setzt es auf den Boden zu den Spielsachen
2	Kind darf drei Minuten lang den Raum erkunden, Mutter bleibt passiv
3	Fremde Person tritt ein, nimmt mit Mutter Kontakt auf, nähert sich dem Kind
4	Mutter verlässt möglichst unauffällig den Raum, fremde Person soll versuchen, das Interesse des Kindes aufs Spielzeug zu lenken und es gegebenenfalls zu beruhigen
5	Mutter betritt wieder den Raum, wartet spontane Reaktion des Kindes ab, dann versucht sie, seine Zufriedenheit wieder herzustellen und sein Interesse aufs Spielzeug zu lenken, fremde Person geht
6	Mutter verlässt wiederum den Raum, verabschiedet sich vom Kind und lässt ihre Handtasche zurück
7	Fremde Person betritt wiederum den Raum, verhält sich wie in Episode 4
8	Mutter kehrt zurück, wartet kurz die spontane Reaktion des Kindes ab und beruhigt das Kind dann auf ihre Art

Kleinkinder mit sicherer Bindung (Bindungskategorie B) protestieren, wenn sie von ihrer Bindungsperson getrennt werden, und suchen Trost und Nähe der Bindungsperson, wenn sie wieder zurückkehrt (Hardy, 2007). Sie scheinen zu fühlen, dass ihre Bezugsperson für sie physisch und emotional erreichbar ist (Zilberstein, 2006). Die sichere Bindungsstrategie ist durch die Flexibilität gekennzeichnet, unbelastet zu explorieren, solange die eigenen Fähigkeiten reichen, und bei zu großer Belastung emotionale Zuwendung zu suchen und anzunehmen (Grossmann & Grossmann, 2008). Unsicher gebundene Kinder nutzen ihre Bindungsperson in der „Strange Situation" nur eingeschränkt oder gar nicht als sichere Basis (Ziegenhain, 2009).

Kinder mit unsicher-vermeidendem Bindungsmuster (Kategorie A) wirken emotional wenig beteiligt und tendieren dazu, das Weggehen der Bindungsperson zu ignorieren (Ziegenhain, 2009). Sie beachten auch das Bestreben der Bezugsperson der erneuten Kontaktaufnahme nach ihrer Rückkehr nicht (Hardy, 2007). Der Ausdruck von Bindungsbedürfnissen wird vermieden, emotionale Zuwendung wird weder gesucht, noch angenommen (Grossmann & Grossmann, 2008). Dennoch weist der Anstieg des Cortisolspiegels darauf hin, dass sie sich in dieser Situation belastet fühlen (Ziegenhain, 2009).

Kinder mit unsicher-ambivalentem Bindungsmuster (Kategorie C) zeigen nach dem Weggang der Mutter Anzeichen heftiger Stressreaktionen, können jedoch nach der Rückkehr der Mutter kaum getröstet werden (Hardy, 2007). Die Ambivalenz ihres Verhaltens besteht darin, dass sie einerseits den Körperkontakt der Mutter suchen, sich aber andererseits z.b. durch Strampeln, Stossen oder Schlagen gegen den Körperkontakt wehren (Hardy, 2007). Das Verhalten ist durchsetzt mit offenem Ärger auf die Bindungsperson, und das Kind lässt sich trotz vermehrter Zuwendung der Bindungsperson nur schwer beruhigen (Grossmann & Grossmann, 2008). Die beiden unsicheren Bindungsmuster scheinen sich aus erfolglosen Versuchen des Kindes zu entwickeln, Nähe zu einer Bezugsperson aufzubauen, welche emotional unerreichbar scheint oder nur periodisch einfühlsam und interessiert ist (Zilberstein, 2006). Einige Studien konnten zeigen, dass die elterliche Feinfühligkeit in einem negativen Zusammenhang zur vermeidenden wie auch ambivalenten unsicheren Bindungsstrategie steht (Bakermans-Kranenburg et al., 2005).

1.2 Desorganisierte Bindung

In einigen Forschungsarbeiten konnte festgestellt werden, dass sich manche Kinder nicht in die drei organisierten Bindungsmuster einteilen lassen (Bakermans-Kranenburg et al, 2005; Lyons-Ruth & Jacobvitz, 2008; von Ijzendoorn & Bakermans-Kranenburg, 2003). So suchen Kinder mit desorganisierter (bzw. hochunsicherer oder atypischer) Bindung in Situationen erhöhter Belastung und starker innerer Erregung keinen Kontakt zur Bindungsperson. Während ihr Cortisolspiegel dabei beträchtlich ansteigt, können sie auf keine geordnete Verhaltensstrategie zurückgreifen und ihr Verhalten nicht kohärent organisieren

(Ziegenhain, 2009; Ziegenhain & Fegert, 2012). Sie zeigen starre Verhaltensweisen wie starke Gehemmtheit, körperliches Erstarren, motorische Stereotypien und Furchtreaktionen (Brisch, 2009; Ziegenhain & Fegert, 2012).

Desorganisation gilt nicht als eigenes, viertes Bindungsmuster, obwohl es in der Literatur oft aus statistischen Gründen als solches dargestellt wird (Grossmann & Grossmann, 2008). Desorganisiertes Bindungsverhalten erscheint in vielerlei Form als Störung innerhalb der drei organisierten Bindungsmuster, wobei damit ein mehr oder weniger dauerhafter Zusammenbruch von Aufmerksamkeits- und Verhaltensstrategien durch den Verlust der Orientierung an der Bindungsperson beschrieben wird (Grossmann & Grossmann, 2008). Ein solches Verhalten wird häufiger bei Kindern mit traumatischer Erfahrung beobachtet (Brisch, 2009).

Das bizarre Konfliktverhalten wird als Furcht interpretiert, die aufgrund einschneidender Erlebnisse zustande kam, wobei sich die Kinder entweder vor der Bezugsperson fürchten oder sich die Furcht der Bindungsperson auf die Ängste des Kindes überträgt (Ziegenhain & Fegert, 2012). Dies führt zu einem unlösbaren Konflikt: Die Furcht aktiviert das kindliche Bindungssystem und daher muss das Kind den Kontakt zur Bindungsperson suchen. Ist die Bindungsperson, bei der es Schutz sucht, gleichzeitig die Person, die seine Furcht verursacht, kollabieren seine Verhaltensstrategien (Bakermans-Kranenburg et al., 2005; Ziegenhain & Fegert, 2012).

Als kritisches Elternverhalten, welches zu desorganisierten Bindungsmustern führen kann, gelten eine massiv gestörte affektive Kommunikation, ein feindseliges, übergriffliches elterliches Verhalten, sowie die Übernahme der kindlichen Rolle durch die Eltern (Ziegenhain & Fegert, 2012). Gehäuft zeigt sich das desorganisierte Bindungsmuster in Risikogruppen, in welchen Missbrauch und Vernachlässigung, sowie mütterliche Depression, Suchterkrankung oder Persönlichkeitsstörung auftreten (Lyons- Ruth & Jacobwitz, 2008). Vorria et al. (2003) fanden, dass 66% der Kinder in griechischen Institutionen ein desorganisiertes Bindungsmuster aufzeigten, während dies nur bei etwa 15% der Kinder, die daheim aufwuchsen, der Fall war. Außerdem scheinen bestimmte genetische Komponenten ein desorganisiertes Bindungsmuster zu begünstigen (Lakatos et al., 2002). Kinder mit erhöhter Vulnerabilität gegenüber Stress, welche temperamentbedingt wie auch genetisch bedingt sein kann, sind empfindlicher gegenüber inadäquatem Elternverhalten (Ziegenhain & Fegert, 2012). Bei extremen Frühgeburten und Kindern mit angeborenen schweren Erkrankungen oder Behinderungen zeigt sich im Vergleich zu unauffälligen Gruppen ein Anstieg der desorganisierten Bindungsstrategien bis zu 52% (Grossmann & Grossmann, 2008). Wenn die Eltern jedoch mit dem Kind feinfühlig umgehen, lassen die Schwierigkeiten des Kindes allein keine Vorhersage auf die Bindungsqualität zu (Grossmann & Grossmann, 2008). Insgesamt sind die unterliegenden Mechanismen und kausalen Faktoren, welche zu desorganisierten Bindungsmustern führen können, noch zu wenig erforscht, um spezifische Voraussagen machen zu können (von Ijzendoorn & Bakermans-Kranenburg, 2003).

Kinder mit desorganisierten Bindungsmustern zeigen das größte Risiko für die Entwicklung psychopathologischer Störungen (Zilberstein & Messer, 2010). Desorganisation ist vor allem mit aggressiven und externalisierenden, aber auch internalisierenden Verhaltensproblemen und dissoziativer Symptomatik während der Kindheit und im Jugendalter assoziiert (Gloger-Tippelt et al., 2007; von Klitzing, 2009; Ziegenhain & Fegert, 2012). Allerdings lassen sich Wirkungen von Desorganisation von Bindungsstrategien und Wirkungen von Traumata meist nur schwer unterscheiden (Henninghausen & Lyons-Ruth, 2005). Bindungstheoretisch scheint es jedoch kritisch zu sein, ob die traumatische Erfahrung durch die Bindungsperson erlebt wurde, was einem Verrat gleichkäme, oder ob die Verletzung durch andere geschehen ist, während das Kind unter Umständen durch seine Bindungspersonen feinfühlig unterstützt wurde (Grossmann & Grossmann, 2008). Für den Aufbau innerer Arbeitsmodelle von Bindung, welche auch bei Veränderung der Umweltbedingungen bestehen bleiben, sind vor allem die Erfahrungen mit den wichtigsten Bezugspersonen entscheidend (Zilberstein, 2006).

1.3 Bindungsrepräsentation: Innere Arbeitsmodelle

Während die Bindung bei Kindern im vorsprachlichen Alter aus dem Bindungsverhalten des Kindes nach Trennungen von der Bezugsperson erschlossen werden kann, wird ab ungefähr vier Jahren die mental-repräsentierte Bindung aus dem Symbolspiel und der Sprache erschlossen (Gloger-Tippelt et al., 2007). In den ersten Lebensjahren hat sich ein zunehmend komplexes Verhaltenssystem ausgebildet, welches bestimmte Arbeitsmodelle von sich selbst und wichtigen Bindungspersonen beinhaltet (Grossmann & Grossmann, 2003).

Dieses sogenannte „innere Arbeitsmodell von Bindung" enthält z.B. Informationen über die Fähigkeiten und den Aufenthaltsort der Bindungsperson, sowie über wahrscheinliche Reaktionen der Bindungsperson bei Veränderung der Umweltbedingungen (Bretherton & Munholland, 2008; Brisch, 2006). Auch über sich selbst entwickeln Kinder Arbeitsmodelle, welche Informationen über die eigenen Fähigkeiten und Möglichkeiten der Umweltbeeinflussung enthalten. Dank dieser Arbeitsmodelle können Kinder Modelle der Realität simulieren, ihr Verhalten besser planen und sich selbst regulieren (Grossmann & Grossmann, 2003; Zilberstein, 2006).

In Bezug auf die Voraussage von sozialen Kompetenzen und Psychopathologie scheinen Bindungsrepräsentationen ab dem Kindergartenalter einen höheren Beitrag zu leisten als Beobachtungen des gezeigten Bindungsverhaltens (Gloger-Tippelt et al., 2007). Die inneren Arbeitsmodelle beeinflussen das Verhalten und die Beziehungen im weiteren Leben des Kindes (Zilberstein, 2006). Wird das innere Arbeitsmodell der Bindung durch traumatische Erlebnisse zerstört, muss das Kind andere Verhaltens- und Überlebensstrategien entwickeln, die oft den Bindungskontext nicht mehr erkennen lassen (Brisch, 2006). Dies könnte die Ausbildung von Bindungsstörungen begünstigen (Brisch, 2006).

Zusammengefasst lässt sich festhalten, dass es sich bei der Bindung um ein beziehungsbezogenes Konstrukt handelt, wobei das Bindungssystem vor allem in Situationen der Angst und Verunsicherung aktiviert wird. Die Bindungspersonen dienen als externe Regulationshilfe und als Modelle für die Entwicklung innerer Arbeitsmodelle von Bindung und Beziehung. Es lassen sich individuell unterschiedliche Anpassungsstrategien feststellen, wobei es sich bei sicheren und unsicheren Bindungsstrategien um normale Entwicklungsvarianten handelt. Von desorganisierter Bindung oder hochunsicherer Bindung (vgl. Ziegenhain & Fegert, 2012) wird gesprochen, wenn es aufgrund von Furcht als durchgängige Beziehungserfahrung zu einem zeitweiligen Zusammenbruch von kindlichen Bewältigungsstrategien kommt. Die desorganisierte Bindung wird entwicklungspsychopathologisch als Hauptprädiktor von Bindungsstörungen diskutiert.

2. Reaktive Bindungsstörung (DSM-IV)

2.1 Definition und Klassifikation

Die Bindungstheorie gilt als theoretisches Fundament der Forschung und der klinischen Arbeit mit Bindungsproblemen (Zilberstein, 2006). Sie gilt jedoch nicht als Basis einer DSM-IV Diagnose (Zilberstein, 2006). Der Begriff „Bindungsstörung" wird in der Literatur unterschiedlich verwendet (von Klitzing, 2009). Meist sind damit entwicklungsunangemessene Verhaltensweisen gemeint, welche in sozialen Kontexten auftreten (Ziegenhain & Fegert, 2012). Sie erscheinen als stabiles kontext- und personenübergreifendes Muster von Verhaltensweisen, während Bindungsmuster spezifisch auf bestimmte Bezugspersonen ausgerichtet sind (Brisch, 2009; Minnis et al., 2009). Während in der ICD-10 (Remschmidt, Schmidt & Poustka, 2006) zwischen einer reaktiven Bindungsstörung des Kindesalters (F94.1) und einer Bindungsstörung des Kindesalters mit Enthemmung (F94.2) differenziert wird, werden im DSM-IV (Sass, Wittchen & Zaudig, 1996) zwei Subtypen der reaktiven Bindungsstörung unterschieden. Dabei handelt es sich um den gehemmten Typus und den enthemmten Typus. Als klassifikationsrelevante Voraussetzung gilt das Auftreten der Störung vor dem 5. Lebensjahr (Ziegenhain & Fegert, 2012).

Beim gehemmten Typus besteht die vorherrschende Störung der sozialen Beziehung (wie bei F94.1 der ICD-10) in der Unfähigkeit, soziale Kontakte auf eine entwicklungsangemessene Weise zu knüpfen oder auf sie zu reagieren (von Klitzing, 2009). Beim ungehemmten Typus (vgl. F94.2 der ICD-10) liegt eine Störung der sozialen Beziehung in Bezug auf eine unkritische und undifferenzierte Auswahl von Bezugspersonen vor (von Klitzing, 2009). Die „reaktive Bindungsstörung" (RAD) nach DSM-IV, auf die in der englischsprachigen Literatur hauptsächlich Bezug genommen wird, bezieht sich somit auf F94.1 (reaktive Bindungsstörung) und F94.2 (Bindungsstörung mit Enthemmung) in der ICD-10. Um einer definitorischen Verwirrung vorzubeugen, soll die allgemein gebräuchliche Abkürzung RAD hier nur für die „Reaktive Bindungsstörung" nach DSM-IV bzw. für die Umschreibung von Bindungsstörungen im Allgemeinen verwendet werden.

Im Gegensatz zu anderen kinder- und jugendpsychiatrischen Diagnosen verlangt die Diagnose einer RAD nicht nur das Vorhandensein spezifischer Symptome, sondern auch spezifischer Ursachen (von Klitzing, 2009). Die Kriterien für die Klassifikation der Bindungsstörungen wurden aus Untersuchungen von Kindern entwickelt, die in extremen Beziehungskontexten aufwuchsen (Ziegenhain & Fegert, 2012). Als wesentlicher ätiologischer Faktor für die Entstehung einer RAD gilt für den enthemmten wie auch den gehemmten Typus eine pathogene Fürsorge in den ersten fünf Lebensjahren (von Klitzing, 2009). Darunter werden eine Missachtung der grundlegenden emotionalen und/oder körperlichen Bedürfnisse des Kindes sowie ein entwicklungs-unangemessener, wiederholter Wechsel der wichtigen Bezugspersonen des Kindes verstanden (von Klitzing, 2009). Viele Kinder mit Bindungsstörungen haben in ihrer Vergangenheit Vernachlässigung, Missbrauch oder verschiedene Platzierungen erlebt, was auch zu einer Menge komorbider Symptome führen kann (Zilberstein & Messer, 2010). Demgemäß werden RAD überwiegend bei Kindern diagnostiziert, welche Opfer ausgeprägter Vernachlässigung oder Misshandlung bzw. Deprivationserfahrungen wurden (Ziegenhain & Fegert, 2012). Eine zusammenfassende Gegenüberstellung der Bindungsstörungen nach DSM-IV und ICD-10 findet sich in Tabelle 2.

Tabelle 2 : Definitionskriterien der beiden Störungstypen frühkindlicher Bindungsstörungen nach DSM-IV und ICD 10 (nach Minnis, Marwick, Arthur, & McLauglin, 2006).

	DSM-IV	ICD-10
Störungstyp 1	**Gehemmte Form der RAD** („inhibited")	**Reaktive Bindungsstörung**
	1. In sozialen Situationen exzessiv gehemmt oder hypervigilant	1. ängstlich, übermässig wachsam (hypervigilant), keine Reaktion auf Trost
	2. widersprüchliche oder ambivalente Reaktionen	2. widersprüchliche oder ambivalente Reaktionen
		3. kaum soziale Interaktion mit Gleichaltrigen
		4. aggressiv gegenüber sich und anderen
		5. unglücklich, apathisch
Störungstyp 2	**Ungehemmte Form der RAD** („disinhibited")	**Bindungsstörung mit Enthemmung**
	1. Diffuse Bindungen	1. Diffuse bzw. mangelnde exklusive Bindungen
	2. exzessive Vertrautheit mit Fremden	2. wenig modulierte, distanzlose Interaktionen
		3. eingeschränkte Interaktion mit Gleichaltrigen
		4. kann mit umschriebenen Entwicklungsstörungen einher gehen

2.2 Symptomatik und Verlauf

Kinder mit dem gehemmten oder inhibierten Typus der RAD verhalten sich übermäßig gehemmt, wachsam und ambivalent. Sie reagieren auf Betreuungspersonen mit einer Mischung von Annäherung und Vermeidung (von Klitzing, 2009). Die soziale Zurückgezogenheit und Hemmung können leicht dazu führen, dass man diese Kinder übersieht (von Klitzing, 2009). Daher konzentrieren sich die wenigen vorhandenen RAD Studien fast ausschließlich auf die Bindungsstörung mit Enthemmung (Ziegenhain 2009). Einige Autoren gehen davon aus, dass es für die gehemmte Störungsform keine kritische Altersperiode

gibt, in der sich eine irreversible Störung entwickelt, da diese Kinder besser auf quantitative und qualitative Verbesserung der Fürsorge-angebote zu reagieren scheinen als Kinder mit einer desinhibierten RAD (von Klitzing, 2009).

Kinder mit dem enthemmten oder desinhibierten Typus einer RAD wählen in der Regel ihre Bezugspersonen undifferenziert und unkritisch aus (von Klitzing,

2009). Bei Belastung suchen sie entweder keine Nähe oder Trost oder wenden sich unterschiedslos an vertraute und unvertraute Personen (Ziegenhain & Fegert, 2012). Bei medizinischen Untersuchungen lassen sie sich ohne Zögern von ihren Eltern oder anderen Vertrauenspersonen trennen und zeigen kein altersgemäßes Zögern gegenüber unbekannten Personen (von Klitzing, 2009). Oft suchen sie rasch körperlichen Kontakt, umarmen die Personen, welche sich um sie kümmern, oder setzen sich ihnen auf den Schoss (von Klitzing, 2009). Weiterhin sind aggressives Verhalten, das sich gegen andere wie auch gegen sich selbst wendet, sowie eingeschränkte Interaktionen mit Gleichaltrigen bei desinhibierten Kindern zu beobachten (Ziegenhain & Fegert, 2012). Kinder mit enthemmter Bindungsstörung scheinen jedoch weniger gut auf Verbesserungen der Fürsorge zu reagieren, wenn sie während einer kritischen Zeitspanne einer pathogenen Fürsorge ausgesetzt waren (von Klitzing, 2009). Es zeigt sich häufig eine persistierende Tendenz (O'Connor & Zeneah, 2003), wobei die Betroffenen häufig im späten Jugendalter oder im jungen Erwachsenenalter die Diagnose einer Persönlichkeitsstörung erhalten (Ziegenhain & Fegert, 2012).

3. Berührungspunkte von Bindungstheorie und Bindungsstörungen

Die Bindungstheorie und -forschung hat auf zwei Arten zur Erforschung der Psychopathologie im Allgemeinen und der Bindungsstörung im Speziellen beigetragen (Deklyen & Greenberg, 2008): Einerseits konnte in den letzten beiden Dekaden darauf aufmerksam gemacht werden, wie die Bindungsmuster entweder das Risiko für die Ausbildung einer Störung verstärken oder die Effekte anderer Risikofaktoren schmälern könnten. Andererseits können in extremen Fällen durch eine pathogene Umwelt atypische Bindungsmuster auftreten, welche symptomatisch für Bindungsstörungen sein können (Deklyen & Greenberg, 2008). So zeigte sich beispielsweise in der Langzeituntersuchung von O'Connor und Rutter (2000) ein statistischer Zusammenhang zwischen der Dauer der Heimunterbringung und der Ausprägung der Bindungsstörung. Ernstere Formen der RAD traten signifikant häufiger bei den Kindern auf, welche erst mit 24-42 Monaten adoptiert wurden. Diese Ergebnisse weisen darauf hin, dass Kinder, welche früh aus einer psychosozial gefährdenden Umwelt in ein fürsorgliches Milieu wechseln, eine positivere Prognose haben als Kinder, welche einer chronischen Belastungssituation ausgesetzt bleiben (Oswald & Goldbeck, 2009).

Desorganisierte Bindungsmuster sind häufig mit elterlicher Psychopathologie, Kindsmissbrauch und weiteren hohen sozialen Risiken assoziiert (Deklyen &

Greenberg, 2008). Dieselben Risikofaktoren bestehen für die Ausbildung einer RAD (vgl. Ziegenhain & Fegert, 2012). Aus diesem Grund werden desorganisierte Bindungsmuster oft als Vorläufer einer Bindungsstörung diskutiert (Pfeiffer & Lehmkuhl, 2008). Sowohl das desorganisierte Bindungsmuster als auch die Bindungsstörungen lassen sich als entwicklungspsychopathologisch interpretieren (Zeneah & Gleason, 2010). Beide Konzepte beziehen sich auf beziehungsbezogene Störungen, welche sich individuell manifestieren (Ziegenhain & Fegert, 2012). Kinder mit desorganisierter Bindung können oft auch dieselben Verhaltensweisen wie RAD Kinder zeigen (O'Connor & Zeneah, 2003). Dazu gehören beispielsweise Furchtreaktionen wie das Erstarren oder „Einfrieren" (freezing) (Ziegenhain & Fegert, 2012).

Eine Studie machte auf bedeutsame Weise auf einen möglichen inversen Zusammenhang zwischen Bindung, Bindungsrepräsentation und RAD im frühen Schulalter aufmerksam. Minnis et al. (2009) untersuchten den Zusammenhang zwischen RAD und Bindungssicherheit bei Kindern von 5-8 Jahren. 38 Kinder mit RAD-Diagnose, von denen 25 im Heim, bei Pflege- oder Adoptiveltern und 13 bei ihren biologischen Eltern lebten, wurden mit 29 gesunden Kindern parallelisiert nach Alter und Geschlecht verglichen. Mit verschiedenen Messmethoden (Interviews, Verhaltensbeobachtungen, Fragebögen für Eltern und Lehrpersonen, standardisiertes Puppenspiel) wurden die Bindungsrepräsentationen, Symptome und Komorbiditäten der RAD Kinder untersucht. In der Kontrollgruppe konnte kein unsicher-desorganisiertes Bindungsmuster festgestellt werden, während die RAD-Kinder ein 2.4x höheres Risiko für ein nichtsicheres Bindungsmuster aufwiesen (vgl. Abb. 1).

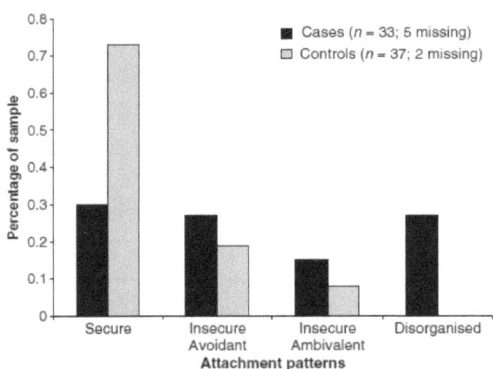

Abbildung 1. Bindungsmuster der RAD-Kinder (cases) und der Vergleichsgruppe (controls).

RAD-Kinder: 10 (30%) sicher; 9 (27%) unsicher vermeidend; 5 (15%) unsicher ambivalent; 9 (27%) unsicher desorganisiert.

Vergleichsgruppe: 27 (73%) sicher; 7 (13%) unsicher vermeidend; 3 (8%) unsicher ambivalent; 0% desorganisiert (aus Minnis et al., 2009).

Ein wichtiger Berührungspunkt zwischen Bindung und Bindungsstörung zeigt sich auch in der Behandlung von Bindungsstörungen. So konnten verschiedene Studien zeigen, dass ein hinreichend positiver Beziehungskontext (beispielsweise durch die Eingliederung von ehemals institutionalisierten Kindern in fürsorgliche Pflegefamilien) beträchtlich zur Symptomreduktion von RAD beitragen kann (O'Connor & Zeneah, 2003; Zeneah & Smyke, 2008; Zeneah & Smyke, 2009).

4. Limitationen der Bindungstheorie im Verständnis der RAD

Obwohl die Bindungstheorie verständlich macht, dass die frühen Beziehungen von großer Wichtigkeit für die Entwicklung sind, lässt sich diese Erkenntnis nicht direkt auf das Verständnis von Bindungsstörungen übertragen (Zilberstein, 2006). Psychopathologie ist stets multideterminiert, wobei die Bindung zwar eine wichtige, jedoch nicht hinreichende Komponente darstellt (Zilberstein, 2006). Daher sollten nebst desorganisierter Bindung auch weitere Risikofaktoren berücksichtigt werden (Green & Goldwin, 2002). So konnten beispielsweise Minnis et al. (2007) in einer großangelegten Zwillingsstudie zeigen, dass substantielle genetische Faktoren bei der Ausbildung einer RAD eine wichtige Rolle spielen könnten. Dies bedeutet nicht, dass die Zusammenhänge von Bindungsstörungen mit Umweltdeprivation nicht relevant sind, dennoch soll betont werden, dass die Zurückführung der RAD auf fehlende oder defizitäre Bindung zu reduktionistisch wäre (vgl. Glowinsky, 2011).

Bindungsqualitäten sind außerdem spezifisch für einzelne Beziehungen, was bedeutet, dass dasselbe Kind zu unterschiedlichen Bindungspersonen eine andere Bindungsqualität haben kann (Grossmann & Grossmann, 2008). Bindungsstörungen hingegen beziehen sich auf Verhaltensweisen, die in verschiedensten sozialen Kontexten auftreten und gegenüber den verschiedensten Personen auftreten (Minnis et al., 2009). Somit besteht ein wichtiger qualitativer Unterschied zwischen Bindungstheorie und Bindungsstörungen. Die Bindungstheorie beschränkt sich außerdem auf normale und abweichende Entwicklung in etablierten Bindungen, während bisher keine Konzeptualisierung für die „fehlende Bindung" oder die Bindungsentwicklung nach Deprivation vorgenommen wurde (Ziegenhain, 2009).

Außerdem geht eine desorganisierte Bindung nicht notwendigerweise mit Symptomen einer RAD einher (Ziegenhain & Fegert, 2012). Zeneah et al. (2004) fanden Evidenz für desorganisierte Bindung bei ehemals misshandelten Kindern, welche von ihrer primären Betreuungsperson getrennt worden waren und in Pflegebetreuung kamen. Die Kriterien einer RAD waren bei 40% dieser Kinder erfüllt. Zudem könnten gegenwärtige Bindungsmuster bei ausgebildeter RAD je nach Subtypus der Bindungsstörung variieren. So konnten Zeneah et al. (2004) beispielsweise feststellen, dass die Kinder mit desinhibierter RAD eher eine Bindungsfigur in der Gegenwart hatten als die mit inhibiertem Muster.

Dass die RAD zwar im Zusammenhang mit erhöhter Bindungsunsicherheit steht, sich Bindungssicherheit und RAD jedoch nicht ausschließen, zeigt sich auch in der vorher erwähnten Studie von Minnis et al. (2009). 30 % der RAD-Kinder wiesen eine sichere Bindung auf, obwohl die Mehrheit von ihnen (70%) in der Vergangenheit missbraucht worden waren. Interessant war auch die Tatsache, dass sich die RAD-Kinder ungefähr gleichmäßig auf die vier Bindungsmuster verteilten (siehe ABB.1). Die RAD-Kinder mit einer unsicheren Bindungsrepräsentation wiesen insgesamt jedoch eine ungünstigere frühkindliche Geschichte und weniger adäquate Verhaltensweisen auf als RAD-Kinder mit einer sicheren Bindungsrepräsentation (Minnis et al., 2009).

Einige Studien differenzieren die Rolle der Fürsorgequalität und der verschiedenen Bindungsmuster in der Ätiologie der beiden RAD-Subtypen. Obwohl der enthemmte und der gehemmte Subtypus einige gemeinsame ätiologische Faktoren aufweisen, lassen sich auch unterschiedliche Prädiktoren ausmachen. So könnte die inhibierte RAD in der Entstehung und Aufrechterhaltung stärker mit einer geringen Fürsorgequalität assoziiert sein als die desinhibierte RAD (Zeneah, Smyke, Koga, & Carlson, 2005). Ein deprivierendes institutionelles Umfeld scheint den Zusammenhang zusätzlich zu moderieren: Zeneah et al. (2005) zeigten, dass der Einfluss der Fürsorgequalität in Bezug auf die Ausbildung einer inhibierten RAD in Kinderheimen wichtiger war als in der Vergleichsgruppe von Kindern, welche bei den biologischen Eltern aufwuchs. Andere Forschungsarbeiten konnten eine geringe oder moderate Assoziation zwischen schlechter Fürsorge und dem Auftreten der desinhibierten RAD aufzeigen (Boris et al., 2004; Bruce, Tarullo, & Gunnar, 2009; Rutter, Kreppner, & Sonuga-Barke, 2007). Insgesamt scheint das Ausmaß der gehemmten

Verhaltensweisen eindeutig mit der Fürsorgequalität zu korrelieren, während eine solche Assoziation bei enthemmten Bindungsstörungen weniger klar gegeben scheint (von Klitzing, 2009).

Ein ähnliches Muster zeigt sich im Zusammenhang zwischen der Bindungssicherheit und dem Auftreten der RAD. Glowinsky (2011) wies darauf hin, dass zwischen einer RAD mit inhibiertem Subtypus ein negativer Zusammenhang mit der Bindungssicherheit besteht, während dies beim desinhibierten Subtypus nicht unbedingt der Fall ist. Auf eine inverse Beziehung zwischen den Symptomen der inhibierten RAD und der Bindungssicherheit weisen auch frühere Forschungsarbeiten hin (Smyke, Dumitrescu, & Zeneah, 2002; Zeneah et al., 2005). O'Connor und Zeneah (2003) gehen jedoch davon aus, dass ein Zusammenhang zwischen Bindungsunsicherheit und desorganisierter RAD nicht gegeben sein muss. Verschiedene Studien konnten zeigen, dass fast die Hälfte der Kinder mit desinhibierter RAD organisierte Bindungsmuster aufwiesen (Glowinsky, 2011; O'Connor & Zeneah, 2003; Rutter et al., 2007). In diesen Studien wurde die Bindungsklassifikation mit dem „Strange Situation"-Paradigma untersucht. Obwohl einzelne Symptome der desinhibierten RAD moderat mit dem Bindungskonstrukt assoziiert sind, könnte die desinhibierte RAD auch unabhängig von der Qualität der selektiven Beziehungen und bei einem gegenwärtigen organisierten Bindungsmuster auftreten (Gleason et al., 2011).

Boris et al. (2004) konnten in einer Stichprobe von ehemals misshandelten Pflegekindern und Kindern in Obdachlosenheimen keinen Zusammenhang zwischen desorganisierter Bindung und der desinhibierten RAD finden. Daher mahnen die Autoren zur Vorsicht, wenn desorganisierte Bindungsmuster in Laborsituationen mit einer Bindungsstörungsklassifikation gleichgesetzt werden (Boris et al., 2004). Einige Ergebnisse könnten durch die Messmethode der „Strange Situation" verzerrt sein: So können Kinder mit gehemmter Bindungsstörung in der Durchführung einer altersangepassten „Strange Situation" ein deutlich gestörtes Bindungsmuster zeigen, wobei eine solche Assoziation beim enthemmten Störungsbild nicht so eindeutig vorliegt (von Klitzing, 2009). Daher sollte die „Strange Situation" niemals als alleinige Messmethode von desorganisierter Bindung bzw. von Bindungsstörungen angewandt werden.

Insgesamt scheint die Beziehung zwischen desorganisierter Bindung und Bindungsstörungen komplex und von zusätzlichen Faktoren beeinflusst zu sein (Boris et al., 2004). Marcovitch et al. (1997) berichteten beispielsweise, dass etwa die Hälfte aller 3-5-jährigen sicher gebundenen Adoptivkinder, welche aus rumänischen Kinderheimen stammten, auch desinhibiertes Verhalten gegenüber

Fremden zeigten, während dies keines der sicher gebundenen Kinder aus der Kontrollgruppe tat. Somit könnte eine fehlende Bindung ein möglicher Vorläufer für eine desinhibierte RAD darstellen, während eine gegenwärtige sichere Bindung das Auftreten der Störung nicht ausschließt (vgl. Gleason et al., 2011). Manche Forscher gehen zudem davon aus, dass desorganisierte Bindungsmuster eher prädiktiv für spätere Psychopathologie, wie das Auftreten einer Verhaltens- oder Persönlichkeitsstörung, jedoch nicht für die gegenwärtige Ausprägung einer desinhibierten RAD sein könnten (van Ijzendoorn & Bakermans-Kranenburg, 2003).

Auch beim inhibierten RAD-Subtypus darf nicht einfach auf einen desorganisierten Bindungsstil geschlossen werden (Zeneah & Gleason, 2010; Zeneah & Smyke, 2008). Während manche Kinder mit inhibierter RAD ein desorganisiertes Bindungsmuster zeigen, verfügen andere über gar keine selektive Bindung (Zeneah & Gleason, 2010). Zudem muss berücksichtigt werden, dass die inhibierte RAD sehr selten auftritt (Gleason et al., 2011). Dies ist auch bei Kindern der Fall, die in Institutionen aufwachsen, wobei in einer „Strange Situation" auch bis zu 15% der gesunden Kinder eine desorganisierte Bindungsklassifikation erhalten können (van Ijzendoorn, Schuengel & Baskersman-Kranenberg, 1999). Im Bukarest Early Intervention Project (BEIP; Gleason et al., 2011; Zeneah et al., 2005) zeigte sich bei 42 Monate alten Kleinkindern eine negative Korrelation von $r = -.51$ zwischen der gegenwärtigen Bindungssicherheit und der inhibierten RAD. Bei der Interpretation des Befundes muss jedoch berücksichtigt werden, dass nur zwei Kinder das klinische Bild der inhibierten RAD vollständig erfüllten (Gleason et al., 2011).

5. Diskussion

Die Bindungstheorie kann in der RAD-Forschung einen wichtigen und nicht zu unterschätzenden Beitrag leisten. Eine Stärke der Bindungstheorie liegt in ihrer Herleitung und diagnostischen Unterscheidung von sicheren und unsicheren Bindungsqualitäten über den Lebenslauf. Es konnten empirische Zusammenhänge zwischen Bindungsqualität und der Entwicklung sozialer Kompetenzen einerseits und dem Auftreten von unerwünschten, sozial auffälligen Verhaltensweisen andererseits aufgezeigt werden (Gloger-Tippelt et al., 2007). Zur psychopathologischen Forschung schlägt die Bindungsforschung mit dem Konzept des inneren Arbeitsmodells von Bindung zudem ein bedeutsames Rahmenmodell vor, welches Erklärungsmöglichkeiten in Bezug auf Fehlanpassungen als auch Resilienz gegenüber bestimmten Risikofaktoren im

Verlauf der Entwicklung bietet (vgl. Gloger-Tippelt, 2007). Die Bindungsforschung liefert jedoch in Bezug auf die Psychopathologie im Generellen und die RAD im Speziellen keineswegs konsistente Ergebnisse. Diese Ungereimtheiten sind auf verschiedene Aspekte zurückzuführen:

1. Die Differenzierung in die Bindungsmuster wird unterschiedlich vorgenommen. Entweder wird nur zwischen sicherer und unsicherer Bindung, zwischen den Mustern A, B, C oder einem zusätzlichen desorganisierten Bindungsmuster (D) unterschieden (vgl. Gloger-Tippelt, 2007).

2. Die Bindungsqualität wird durch unterschiedliche Methoden und aus unterschiedlichen Perspektiven erfasst. Dabei fallen die Urteile von Eltern, Lehrpersonen und Kindern oftmals unterschiedlich aus (Gloger- Tippelt, 2007; Minnis et al., 2009).

3. Das Bindungsverhalten wird je nach Altersstufe mit unterschiedlichen Methoden erfasst: Während im Kleinkindalter das Verhalten in der "Strange Situation" untersucht wird, wird bei älteren Kindern vor allem die Bindungsrepräsentation (das innere Arbeitsmodell der Bindung) durch symbolische Ausdrucksformen wie Erzählungen und Spielverhalten untersucht (vgl. z.B. Minnis et al., 2009).

Klarheit unter den Forschern besteht in der Annahme, dass Bindungsmuster zwischen sicheren, unsicheren und desorganisierten Präsentationen variieren können, welche unterschiedliche Risiken für die Ausbildung von Bindungsstörungen mit sich bringen (Zilberstein, 2006). In der ICD-10 und dem DSM-IV wird jedoch der Bindungsliteratur kaum Aufmerksamkeit geschenkt, sondern es wird vielmehr von einem allgemein negativen, widersprüchlichen Sozialverhalten gesprochen (Minnis et al., 2009). So haben Kinder mit unsicherem Bindungsmuster immer die Möglichkeit unterschiedlicher Beziehungsmuster gegenüber verschiedenen Bindungspersonen, während RAD-Kinder ein gestörtes Sozialverhalten über verschiedene Beziehungen und Settings hinweg zeigen (Minnis et al., 2009). Daher bleibt die Frage offen, ob es sich bei der RAD eher um eine Störung der abnormen sozialen Interaktion als um eine Bindungsproblematik handelt und ob der Name „Bindungs-Störung" eine Änderung erfahren müsste (Glowinsky, 2011).

Auch die Bindungsforschung liefert keineswegs konsistente und vergleichbare Resultate, was eine Übertragung der Bindungstheorie auf das Konzept der Bindungsstörungen zusätzlich erschwert (Marvin & Whelan, 2003). Dies liegt einerseits daran, dass die Messmethoden zur Bindungserfassung je nach Alter und kognitiven Fähigkeiten des Kindes variieren (Hardy, 2007). Andererseits unterscheiden sich die Forschungsarbeiten darin, ob sie sich eher auf die Qualität der Beziehung zu einer Bindungsperson, auf die Beziehungsprobleme des Kindes oder auf die Beschreibung des individuellen kindlichen Verhaltens fokussieren (Hardy, 2007). Je nach Fokus könnte der Zusammenhang zwischen der erfassten Bindungsqualität und der Ausprägung der Bindungsstörung unterschiedlich ausfallen.

Insgesamt sprechen verschiedene konzeptuelle und klinische Gründe für die Annahme, dass Bindungsstörungen und Bindungsverhalten distinkte Konzepte darstellen. Die RAD beschreibt eine voll ausgebildete psychische Störung und unterscheidet sich damit von der Bindungskonzeption, obwohl sich zumindest phänotypische Ähnlichkeiten zwischen desorganisiertem Bindungsmuster und der RAD aufzeigen lassen (vgl. van Ijzendoorn & Bakermans-Kranenburg, 2003; Ziegenhain, 2009). Die RAD scheint eine diffusere und tiefgreifendere Störung der sozialen Entwicklung darzustellen, als bisher von der klassischen Bindungstheorie angenommen wurde (Minnis et al., 2009). Das DSM-IV erkennt weder Bindungsvariationen an noch den Schweregrad von Bindungsproblemen als Teil der RAD Diagnose (Zilberstein, 2006). Zudem korrespondiert keiner der Bindungstypen direkt mit Bindungsstörungen im DSM-IV (Zilberstein, 2006). Bindungsunsicherheit und Desorganisation dürfen zwar als Risikofaktoren betrachtet werden, bilden jedoch keine ausreichende Basis für die Diagnose von RAD (Boris et al., 2004).

Viele Faktoren nebst der Bindungsqualität beeinflussen die mögliche Ausbildung einer RAD: Das Temperament, die medizinischen Konditionen, andere wichtige Umweltfaktoren und Beziehungen (Zilberstein, 2006). Die bisherige RAD-Forschung legte den Schwerpunkt auf internationale Adoptionsstudien und Untersuchungen im institutionalisierten Kontext, während Kinder, die bei ihren biologischen Eltern aufwachsen, kaum berücksichtigt wurden (Gleason et al., 2011). Die Frage bleibt, welche Umstände zur Betreuung im Heim oder bei Pflegeeltern führten. Häufig stammen institutionalisierte Kinder aus sozialen Randgruppen, häufig haben sie Vorerfahrungen wie häusliche Gewalt, Vernachlässigung und Misshandlung erlebt und sind von weiteren prä- und postnatalen Risikofaktoren betroffen, die eine Entwicklung psychischer Störungen begünstigen können (Oswald & Goldbeck, 2009). Oftmals ist über die Eltern der institutionalisierten und später international adoptierten Kinder nichts bekannt (Oswald & Goldbeck, 2009). Auch viele Pflegekinder waren in ihrer Ursprungsfamilie maladaptiven Erziehungspraktiken ausgesetzt (Pérez,

DiGallo, Schmeck, & Schmid, 2011). Nicht selten haben sie Vernachlässigung, körperliche, emotionale und sexuelle Gewalt erlebt (Oswald & Goldbeck, 2009). Fallbeispiele aus den USA zeigen außerdem, dass Kinder, welche in Pflegefamilien untergebracht werden, auch dort häufig wiederholt Vernachlässigung und Missbrauch erleben (Marzick, 2007).

Zu den psychosozialen Risikofaktoren können vielfältige biologische Risikofaktoren addiert werden: Pflegekinder sind häufiger Geburtsrisiken ausgesetzt gewesen, z.b. durch Frühgeburt und niedriges Geburtsgewicht (Oswald & Goldbeck, 2009; Pérez et al., 2011). Außerdem sind sie nicht selten Nachkommen von Eltern, die an psychischen Störungen oder Suchtkrankheiten leiden (Astely, Stachowiak, Clarren, & Clausen, 2002).

Pflegeeltern beklagen sich häufig, dass sie bei der Aufnahme des Kindes nicht über das Ausmaß seiner Verhaltensauffälligkeiten und die Besonderheiten seiner Vorgeschichte informiert wurden, was nicht selten zu Überforderung, Hilflosigkeit und Ratlosigkeit führt und sich auf die Interaktion mit dem Kind niederschlägt (Oswald & Goldbeck, 2009). Letztendlich zeigen Kinder aus institutionalisierten Kontexten oft weitere komplexe Entwicklungs- und Verhaltensauffälligkeiten, welche die psychologische Diagnostik und Behandlung erschweren (Oswald & Goldbeck, 2009).

Der Heterogenität der RAD-Kinder ist in der bisherigen Forschung kaum Beachtung geschenkt worden. So stellt sich beispielsweise die Frage, wie gut sich Kinder, welche bei den biologischen Eltern aufwachsen, und Kinder aus institutionellen Kontexten trotz derselben RAD-Diagnose vergleichen lassen (Newman & Mares, 2007). Zur Erörterung der Differenzen fehlen bisher Vergleichsstudien, welche die Entwicklung dieser Kinder über einen längeren Zeitraum hinweg beobachten. Zudem gibt es kaum Studien, welche das Krankheitsbild der RAD von schwer deprivierten und missbrauchten Kindern vergleichen (Newman & Mares, 2007). Hier könnte auch die Bindungsforschung einen wesentlichen Beitrag zum besseren Verständnis der spezifischen Ausprägungen der RAD Symptomatik leisten. Sie könnte helfen, das unklare Konzept der pathogenen Fürsorge als Komponente der RAD Diagnose zu präzisieren (van Ijzendoorn & Bakermans-Kranenburg, 2003).

Die Unterscheidung, welche Probleme aufgrund unsicherer oder fehlender Bindungen auftraten und welche andere Ursachen haben, ist jedoch äußerst schwierig (Zilberstein, 2006). Dies liegt vor allem darin begründet, dass es sich bei der Entwicklung um einen kontinuierlichen Veränderungsprozess handelt: Über die Zeit verändert sich das Bindungsverhalten und das Kind interagiert wiederum mit neuen Umwelt- und Reifungsfaktoren, so dass die Bindung in verschiedenen Entwicklungsstadien einen qualitativ und quantitativ anderen Einfluss haben kann (vgl. Zilberstein, 2006). Diese Tatsache hat auch klinische Implikationen. Bei der Diagnose einer RAD dürfen die Bindungsmuster und die gegenwärtige Fürsorgequalität nicht überbewertet werden (Glowinsky, 2011; van Ijzendoorn & Bakermans-Kranenburg, 2003). Es kommt immer zu einem Zusammenspiel verschiedener Risikofaktoren, welche mit einem breiten Range von Verhaltenssyndromen in Beziehung stehen. Daher sollte die RAD Diagnose gut fundiert sein und nicht einfach aufgrund von Risikobedingungen wie dem Aufwachsen in Kinderheimen oder dem Vorliegen von Missbrauch gestellt werden (Glowinsky, 2011).

Man könnte zudem fälschlicherweise annehmen, dass alle Kinder, welche Missbrauch oder Vernachlässigung erlebt haben und daher niemals eine sichere Bindung aufbauen konnten, automatisch an einer RAD leiden (Chaffin et al., 2006). Man darf nicht vergessen, dass Kinder, welche adoptiert oder in eine Pflegefamilie aufgenommen werden, die neue Situation vorerst als unkontrollierbar und unvorhersehbar empfinden könnten. Dies scheint vor allem bei kulturübergreifenden und internationalen Adoptionen der Fall zu sein (Chaffin et al., 2006). Beziehungsprobleme in dieser akuten Stressperiode dürfen nicht automatisch als RAD interpretiert werden (Chaffin et al., 2006). Außerdem gibt es kulturelle Unterschiede in den normativen sozialen Verhaltensweisen, z.B. fehlender Augenkontakt, welche in einigen Checklisten als RAD-Symptome aufgeführt sind (Chaffin et al., 2006).

Ein weiteres Problem bei der RAD-Diagnostik stellt die Überlappung mit anderen Störungen dar, welche oft komorbid mit einer RAD auftreten können (Chaffin et al., 2006). So weisen beispielsweise posttraumatische Belastungsstörungen, soziale Phobien und oppositionelles Trotzverhalten in ihrer Symptomatik einige Gemeinsamkeiten mit der RAD auf (Chaffin et al., 2006; Zilberstein & Messer, 2010). Eine Symptomüberlappung könnte dazu führen, dass die RAD trotz Vorhandensein der Störung nicht diagnostiziert wird (Pérez et al., 2011). Andererseits könnte eine fälschlicherweise diagnostizierte RAD wiederum zu Stigmatisierungen und falschen Behandlungsmaßnahmen führen (Hornor, 2008).

Bei der Diagnostik einer RAD kommt erschwerend hinzu, dass eine differenzierte Abklärung eine soziale Interaktion erfordert, welche zu Beginn ziemlich erschwert sein kann (Pfeiffer & Lehmkuhl, 2008). Kinder mit einer RAD können aufgrund pathogener Fürsorge oder anlagebedingter Faktoren zudem häufig auch Entwicklungsrückstände im motorischen und sprachlichen Bereich, eine verminderte Intelligenz und körperliche Störungen infolge von Misshandlungen aufweisen (von Klitzing, 2012). Aufgrund dieses komplexen Störungsbildes dürfen die Herausforderungen der Diagnostik und Intervention von Bindungsstörungen nicht unterschätzt werden (Ziegenhain & Fegert, 2012).

Zusammengefasst lässt sich sagen, dass bei der RAD wie bei anderen psychischen Störungen jeweils von einer Wechselwirkung zwischen biologischen und psychosozialen Risiken auszugehen ist (Matthys, Poustka, Van Engeland, & Resch, 2008). Das Kind selbst beeinflusst und modifiziert zunehmend seine soziale Umwelt, welche erfüllend oder vernachlässigend sein kann (Matthys et al., 2008). Es ist jedoch generell schwierig, retrospektiv zu erfassen, wie das Zusammenspiel von pathogenen Umweltfaktoren zur Ausbildung einer RAD führen konnte (Gleason et al., 2011). Die Untersuchung von Bindungsmustern kann wertvolle Hinweise für das Vorliegen und die Qualität einer selektiven Bindung liefern. Dennoch sind die Methoden zur Messung von Bindungsmustern bei extrem institutionalisierten Kindern ungenügend und zu wenig aussagekräftig (O'Connor & Zeneah, 2003). Insgesamt sollten die bisherigen Messinstrumente beider Forschungsrichtungen modifiziert und neue Verfahren entwickelt werden. Dadurch ließe sich der Einfluss der Bindung auf die Ausbildung, Aufrechterhaltung und spezifische Behandlung von Bindungsstörungen besser verstehen und anwenden.

6. Fazit: Implikationen für weiterführende Forschung und Praxis

Die aufgezeigten Zusammenhänge und Diskrepanzen zwischen Bindungstheorie und Bindungsstörungen machen die Notwendigkeit einer Verzahnung der umfangreichen Bindungsforschung und der spärlichen Forschung über Bindungsstörungen deutlich. Dabei sollte die Rolle der Bindung bei der Entstehung und Behandlung von Bindungsstörungen differenzierter berücksichtigt werden. Vermehrte Forschungsanstrengungen wären auch in Bezug auf biologische und genetische Komponenten auszurichten, welche die individuell unterschiedlichen Reaktionen auf soziale Mangelbedingungen beeinflussen. Insgesamt mangelt es der bisher publizierten Bindungs- und RAD-Literatur an Kohärenz, an Verlaufsstudien und epidemiologischen Daten. Zudem sollten weitere systematische Diagnostik-Instrumente für die Feststellung von Bindungsmustern und RAD für verschiedene Altersstufen entwickelt werden.

Für die Praxis ergeben sich aus den vorliegenden Befunden Argumente für den Einsatz möglichst frühzeitiger Maßnahmen zur Stärkung der elterlichen Kompetenzen, ihr Kind genauer wahrzunehmen, seine Botschaften zu verstehen und angemessen zu reagieren. Eine entwicklungspsychologische Beratung sollte daher nebst der Vermittlung allgemeinen entwicklungspsychologischen Wissens auch die Sensibilisierung für die individuellen Fähigkeiten und Bedürfnisse des Kindes und für die Stärkung des Selbstvertrauens der Eltern im Umgang mit ihren Kindern beinhalten.

7. Literatur

Astley, S.J., Stachowiak, J., Clarren, S.K., & Clausen, C. (2002). Application of the fetal alcohol syndrome facial photographic screening tool in a foster care population. The Journal of Pediatrics, 141, 712 – 7171.

Bakermans-Kranenburg, M.J, Van Ijzendoorn, M.H., & Juffer, F. (2005). Disorganized infant attachment and preventive interventions: A review and meta-analysis. Infant Mental Health Journal, 26, 191 – 216.

Boris, N., Hinshaw-Fuselier, S., Smyke, A., Scheeringa, M., Heller, S., & Zeneah, C. (2004). Comparing criteria for attachment disorders: Establishing reliability and validity in high-risk samples. Journal of the American Academy of child and Adolescent Psychiatry, 43, 568 – 577.

Bretherton, I. & Munholland, K.A. (2008). Internal working models in attachment relationships. Elaborating a central construct in attachment theory. In J. Cassidy & P.R. Shaver (Eds.), Handbook of Attachment (pp. 102 – 127). Guilford: New York.

Brisch, K. H. (2009). Bindungsstörungen – Von der Bindungstheorie zur Therapie (9. vollständig überarbeite und erweiterte Neuauflage). Stuttgart: Klett-Cotta.

Bruce, J., Tarullo, A.R., & Gunnar, M.R. (2009). Disinhibited social behavior among internationally adopted children. Development and Psychopathology, 21, 157 –171.

Chaffin, M., Hanson, R., Suanders, B.E., Nichols, T., Barnett, D., Zeneah, C.H., et al., (2006). Report of the APSAC Task Force on attachment therapy, reactive attachment disorder, and attachment problems. Child Maltreatment, 11, 76 – 89.

DeKlyen, M. & Greenberg, M.T. (2008). Attachment and psychopathology in childhood. In J. Cassidy & P.R. Shaver (Eds.), Handbook of Attachment (pp. 637 – 665). Guilford: New York.

Gleason, M.M., Fox, N.A., Drury, S., Smyke, A., Egger, H.L., Nelson, C.A., et al. (2011). Validity of evidence-derived criteria for reactive attachment disorder: Indiscriminately social/disinhibited and emotionally withdrawn/inhibited types. Journal of the American Academy of Child and Adolescent Psychiatry, 50, 216 – 231.

Gloger-Tippelt, G., König, L., Zweyer, K., & Lahl, O. (2007). Bindung und Problemverhalten bei fünf und sechs Jahre alten Kindern. Kindheit und Entwicklung, 16, 209 – 219.

Glowinsky, A. (2011). Reactive attachment disorder: An evolving entity. Journal of the American Academy of Child and Adolescent Psychiatry, 50, 210 – 222.

Green, J. & Goldwyn, R. (2002). Annotation: Attachment disorganization and psychopathology: New findings in attachment research and their potential implications for developmental psychopathology in childhood. Journal of Child Psychology and Psychiatry, 43, 835 – 846.

Grossmann, K.E., & Grossmann, K. (Eds.). (2003). Bindung und menschliche Entwicklung. John Bowlby, Mary Ainsworth und die Grundlagen der Bindungstheorie. Stuttgart: Klett-Cotta.

Grossmann, K. & Grossmann, K.E. (2008). Elternbindung und Entwicklung des Kindes in Beziehungen. In B. Herpertz-Dahlmann, F. Rechs, M. Schulte-Markwart, & A. Warnke (Eds.), Entwicklungspsychiatrie (pp. 221 – 241). Stuttgart: Schattauer.

Hardy, L.T. (2007). Attachment theory and reactive attachment disorder: Theoretical perspectives and treatment implications. Journal of Child and Adolescent Nursing, 20, 27 – 39.

Henninghausen, K.H. & Lyons-Ruth, K. (2005). Disorganization of behavioral and attentional strategies toward primary attachment figures: From biologic to dialogic processes. In C.S. Carter, et al. (Eds.), The 92nd Dahlem Workshop Report: Attachment and Bonding: A New Synthesis (pp. 269 – 299). Cambridge: MA: MIT Press.

Hornor, G. (2008). Reactive attachment disorder. Journal of Pediatric Health Care, 22, 234 – 239.

Lakatos, K., Nemoda, Z., Toth, I., Ronani, Z., Ney, K., Sasvari-Szekely, M., et al. (2002). Further evidence for the role of the dopamine D4 receptor (DRD4) gene in attachment disorganization: Interaction of the exon III 48-bp repeat and the 521 c/T promoter polymorphisms. Molecular Psychiatry, 7, 27 – 31.

Lyons-Ruth, K., Bureau, J.-F., Riley, C., & Atlas-Corbett, A. (2009). Socially indiscriminante attachment behavior in the Strange Situation: Convergent and discriminant validity in relation to care giving risk, later behavior problems, and attachment insecurity. Development and Psychopathology, 21, 355 – 372.

Lyons-Ruth, K. & Jacobvitz, D. (2008). Attachment disorganization. In J. Cassidy & P.R. Shaver (Eds.), Handbook of Attachment (pp. 666 – 697). Guilford: New York. Marcovitch, S., Goldberg, S., Gold, A., Washington, J., Wasson, C., Krekewich, K., et al. (1997). Determinants of behavioral problems in Romanian children adopted into Toronto. International Journal of Behavioral Development, 20, 17 – 31.

Marvin, R.S. & Whelan, W.F. (2003). Disordered attachments: Toward evidence-based clinical practice. Attachment and Human Development, 5, 238 – 288.

Marzick, A. M. (2007). The foster care ombudsman: Applying an international concept to help prevent institutional abuse of America's foster youth. Family Court Review, 45, 506 – 523.

Matthys, W., Poustka, F., Van Engeland, H., & Resch, F. (2008). Störungen des Sozialverhaltens. In B. Herpertz - Dahlmann, F. Resch, M. Schulte-Markwort & A. Warnke (Eds.), Entwicklungspsychiatrie (pp. 984 – 1005). Stuttgart: Schattauer.

Minnis, H., Green, J., O'Connor, T.G., Liew, A., Glaser, D., Taylor, E., et al. (2009). An exploratory study of the association between reactive attachment disorder and attachment narratives in early school-age children. Child Psychology and Psychiatry, 50, 931 – 942.

Minnis, H., Marwick, H., Arthur, J., & McLaughlin, A. (2006). Reactive attachment disorder – a theoretical model beyond attachment. European Child and Adolescent Psychiatry, 15, 336 – 342.

Minnis, H., Reekie, J., Young, D., O'Connor, T., Ronald, A., Gray, A., et al. (2007). Genetic, environmental and gender influences on attachment disorder behaviours. British Journal of Psychiatry, 190, 490 – 495.

Newman, L. & Mares, S. (2007). Recent advances in the theories of and interventions with attachment disorders. Current Opinion in Psychiatry, 20, 343 – 348.

O'Connor, T.G. & Rutter, M. (2000). Attachment disorder behavior following early severe deprivation: Extension and longitudinal follow-up. Journal of the American Academy of Child and Adolescent Psychiatry, 39, 703 – 712.

O'Connor, T.G. & Zeneah, C.H. (2003). Attachment disorders: Assessment strategies and treatment approaches. Attachment and Human Development, 5, 223 – 224.

Oswald, S.H. & Goldbeck, L. (2009). Traumatisierung und psychische Auffälligkeiten bei Pflegekindern. Trauma und Gewalt, 3, 304 – 314.

Pérez, T., DiGallo, A., Schmeck, K., & Schmid, M. (2011). Zusammenhang zwischen interpersoneller Traumatisierung, auffälligem Bindungsverhalten und psychischer Belastung bei Pflegekindern. Kindheit und Entwicklung, 20, 72 – 82.

Pfeiffer, E. & Lehmkuhl, U. (2008). Bindungsstörung. In B. Herpertz-Dahlmann, F. Resch, M. Schulte-Markwort, & A. Warnke (Eds.), Entwicklungspsychiatrie (pp. 221 – 241). Stuttgart. Schattauer.

Remschmidt, H., Schmidt, M.H., & Poustka, F. (2006). Multiaxiales Klassifikationsschema für psychische Störungen des Kindes- und Jugendalters nach ICD-10 der WHO (5th ed.). Bern: Huber.

Rutter, M., Colvert, E., Kreppner, J., Beckett, C., Castler, J., Groothues, C., et al. (2007). Journal of Child Psychology and Psychiatry, 48, 17 – 30.

Rutter, M., Kreppner, J., & Sonuga-Barke, E. (2009). Emanuel Miller lecture: Attachment insecurity, disinhibited attachment, and attachment disorders: Where do research findings leave the concepts? Journal of Child Psychology and Psychiatry, 50, 529 – 542.

Sass, H., Wittchen, H.-U., & Zaudig, M. (1996). Diagnostisches und Statistisches Manual Psychischer Störungen (DSM-IV; übersetzt nach der 4. Auflage des Diagnostic and statistical manual of mental disorders der American Psychiatric Association). Göttingen: Hogrefe.

Smyke, A.T., Dumitrescu, A., & Zeneah, C.H. (2002). Disturbances of attachment in young children. I. The continuum of caretaking casuality. Journal of the American Academy of Child and Adolescent Psychiatry, 41, 972 – 982.

Sroufe, L.,A., Egeland, B., Carlson, E., & Collins, A. (2005). The development of the person: The Minnesota Study of Risk and Adaptation from Birth to Adulthood. New York: Guilford Press.

Van Ijzendoorn, M. H. & Bakermans-Kranenburg, M. J. (2003). Attachment disorders and disorganized attachment: Similar and different. Attachment and Human Development, 5, 313–320.

Van Ijzendoorn, M.H., Schuengel, C., & Bakermans-Kranenburg, M.J. (1999). Disorganized attachment in early childhood. Meta-analysis of precursors, concomitants, and sequelae. Development and Psychopathology, 11, 225 – 249.

Von Klitzing, K. (2009). Reaktive Bindungsstörungen. Manuale psychischer Störungen bei Kindern und Jugendlichen. Heidelberg: Springer.

Vorria, P., Papaligoura, Z., Dunn, J., van Ijzendoorn, M.H., Steele, H., Kontopoulou, A., et al. (2003). Early experiences and attachment relationships of Greek infants raised in residential group care. Journal of Child Psychology and Psychiatry, 44, 1208 – 1220.

Weinfield, N. S., Sroufe, L.A., Egeland, B., & Carlson, E. (2008). Individual differences in infant-caregiver attachment. In J. Cassidy, & P.R. Shaver (Eds.), Handbook of Attachment (pp. 78 – 101). Guilford: New York.

Zeanah C.H. & Gleason M.M. (2010). Reactive attachment disorder: A review for DSM- V. American Psychiatric Association, Washington D.C. Online document retrieved from

http://www.dsm5.org/Proposed%20Revision%20Attachments/APA%20DSM-5%20Reactive%20Attachment%20Disorder%20Review.pdf. Accessed April 18, 2010.

Zeneah, C.H., Scheeringa, M., Boris, N.W., Heller, S.S., Smyke, A.T., & Trapani, J. (2004). Reactive attachment disorder in maltreated toddlers. Child Abuse and Neglect, 28, 877 – 888.

Zeneah, C.H. & Smyke, A.T. (2008). Attachment disorders in family and social context. Infant Mental Health Journal, 29, 219 – 233.

Zeneah, C.H., Smyke, A.T., Koga, S.F., & Carlson, E. (2005). Attachment in institutionalized and community children in Romania. Child Development, 76, 1015 – 1028.

Ziegenhain, U. (2009). Bindungsstörungen. In S. Schneider, & J. Margraf (Eds.), Lehrbuch der Verhaltenstherapie, Band 3. Störungen im Kindes- und Jugendalter (pp. 313 – 330). Heidelberg. Springer.

Ziegenhain, U. & Fegert, J.M. (2012). Frühkindliche Bindungsstörungen. In J.M. Fegert, et al. (Eds.), Psychiatrie und Psychotherapie des Kindes- und Jugendalters (pp. 937 – 947). Berlin, Heidelberg: Springer.

Zilberstein, K. (2006). Clarifying core characteristics of attachment disorders: A review of current research and theory. American Journal of Orthopsychiatry, 76, 55 – 64.

Zilberstein K. & Messer, E.A. (2010). Building a secure base: Treatment of a child with disorganized attachment. Clinical Social Work Journal, 38, 85-97.

Einzelbände

Nadine Deiters: Grundlagen der Bindungstheorie

978-3-640-49487-3

Anne-Christin Hummelt: Gefährdet die institutionelle Tagesbetreuung die Bindungssicherheit von Kleinkindern?

978-3-656-45387-1

Janka Vogel: Aufwachsen im Kinderheim. Der Einfluss eines Heimaufenthalts auf das Bindungsverhalten von Kindern und Jugendlichen

978-3-640-78284-0

Johannes Ilse: Bindungsstörungen bei Kindern (F94.1, F94.2)

978-3-656-29978-3

Katja Margelisch: Bindung und Bindungsstörung. Diagnostische Berührungspunkte zweier distinkter Konzepte

978-3-656-59530-4